これからの「学校」のあるべき姿を追究する　I

資質・能力の高まりを支える学習評価

横浜国立大学教育学部附属横浜中学校 編

学事出版

はじめに

○「資質・能力」育成の新たなステージ

　新学習指導要領解説の総則編では，10年，20年後の社会の担い手となる児童生徒を対象に，各学校が教育課程全体を通じて教科等横断的に育成を図る「資質・能力」をゴールイメージとして設定するとともに，その具現を目指す教育目標を全てのステイクホルダーが共有し，連携・協働して教育活動の改善・充実を図る「社会に開かれた教育課程」というアイデアが示され，各学校に対して，教科等の学習のつながり，学校段階間のつながり，多様な人的・物的資源とのつながりを創出する組織運営が要請されています。

　また，総則の理念に基づいて教育活動を分掌する各教科等編においては，各々の特質に応じて育成を図る「資質・能力」が，「知識及び技能」「思考力，判断力，表現力」「学びに向かう力，人間性等」の三つの柱に整理して目標化され，児童・生徒の成長のプロセスに応じて各教科等の内容・方法を駆使したアプローチを図ることによって，それらを関連付けながら伸ばしていくことの必要性が述べられています。

　今，学校には，児童生徒と未来社会を繋ぐ架け橋となる資質・能力をゴールイメージとして企図する教育課程を軸に，学校運営・学校経営の最適化を図る幅広いカリキュラム・マネジメントを通して，教育活動の一丁目一番地である各教科等の学習指導を，時代要請に適った一層魅力的で学びがいのあるものにしていくことが求められていると言えます。

　こうした潮流を捉え，本校では，2020年度からの学校研究テーマを，「これからの学校のあるべき姿を追究する」と設定しました。『学習指導要領』が内容ベースから資質・能力ベースにパラダイムを移そうとする動きに連動させて，2015年度から5年間にわたって取り組んできた「新しい時代に必要となる資質・能力の育成」を主題とする実践的研究を基盤としつつ，本校のミッションである研究活動を核に，「チームとしての学校」による未来志向のカリキュラム・マネジメントを推進し，各教科等における学習指導・学習評価の一層の改善を図ることを目的とする新たなステージにおける挑戦となります。

○学校としてのゴールイメージに迫る教育活動の構造

　上述の通り，今，私たちには，教育課程全体を通じて教科等横断的に育成を目指す「資質・能力」を生徒に育むことを目的とする教育活動の構造化を図り，その実践・評価・改善のプロセスを通じて，各教科等の学習指導を一層有意義なものへと練り上げるとともに，教科等ごとに育成すべき資質・能力を確実に培っていくことが求められています。

　本校では，教育課程全体のゴールイメージを「柔軟な思考力と行動力でこれからの時代をよりよく生きるための幅広い能力＝リテラシー」と措定し，その育成を図るために，教育課程全体の扇の要となる総合的な学習の時間，「TOFY（Time Of Fuzoku Yokohama）」，及び「CAN（Career Aim Navigation）」とのつながりを前提とする教科指導・教科経営のあり方を，組織を挙げて追究し続けています。

　TOFYは，生徒が自ら見いだした課題について文献や調査を通して多面的・多角的な考察を加える探究的学習です。1年時にはコミュニケーション，レポート，プレゼンテーション

の基礎を学び，2年時から3年時にかけては，人文社会科学，科学技術，健康科学，芸術の4領域に分かれ，教科担任が学年・学級を解体して分担するゼミ形式の支援の下で自己の課題に取り組んで研究レポートをまとめ，成果発表会でプレゼンテーションを行います。

CANは，学年，学級，及び生活班を単位として営まれる校外学習や職業体験における協働的・体験的学習の過程に組み込まれる各自の振り返りの機会を充実させることによって生徒が自己の学習を価値付け，自分を知り，自分を生かし，よりよく生きるための基盤を形成していくことを目的とする総合単元で，特別活動，学校行事，道徳，各教科，及びTOFYとのつながりを考慮して構成されています。

「柔軟な思考力と行動力でこれからの時代をよりよく生きるための幅広い能力」を育成する上で重要な舞台となるTOFYにおける探究・発信のプロセス，CANにおける協働・省察のプロセスのクオリティを高め，生徒にとって豊かな学びの場とするためには，当然のことながら，各教科等における日常の学習指導が，これらに連なる必然性を伴って彼ら彼女らに理解され，学びがいのある，確かな力量形成の場となっていなければなりません。

○本年度の研究について

本年度の研究副主題，「資質・能力の高まりを支える学習評価のあり方」に基づく研究は，上述した本校における教育活動の構造を踏まえ，資質・能力ベースで進められる各教科等の単元や題材，それらを展開していく一つ一つの授業が，生徒にとって真に学びがいのあるものとなり，各教科等において目標化される資質・能力を育成する上で有効な場となっているかどうかを確かめ，不断の改善を図っていく手立てである学習評価にフォーカスし，そのあるべき姿を模索・検討するチャレンジとなっています。副主題に迫る実践の重要なポイントの一つとして，各教科等レベルにおける生徒と教師の「ゴールイメージの共有」が挙げられます。本校の教師たちが，専門とする教科等の特質を大切にしながら，総合的な学習を要とする教育課程全体のゴールイメージとの重層的な関係の中で，単元や題材，授業におけるゴールイメージをどのように生徒と共有し，どのように学習指導と学習評価を改善していっているのか，そのチャレンジの過程を，本書を通して共有していただけますれば幸いに存じます。

本年度は，コロナ禍という未曽有の事態の中，昨年度末からの3か月半に及ぶ臨時休校措置をはじめ，教育活動の内容・方法，日程を幾度も調整する展開となりましたが，生徒同様，教職員も学びの歩みを止めることなく，強かに，しなやかに実践と研究に取り組んでまいりました。どうか忌憚のないご意見をお寄せいただきますようお願いいたします。

尚，今年度も本校の研究推進のために多くの方々からご指導とご助言をいただきました。関西学院大学の佐藤真先生，神奈川県・横浜市・川崎市・横須賀市各教育委員会の指導主事，横浜国立大学教育学部の共同研究者の諸先生方に拙書の巻頭を借りて御礼申し上げます。

令和3年2月

横浜国立大学教育学部
附属横浜中学校
校長　松原雅俊

これからの「学校」のあるべき姿を追究するⅠ

資質・能力の高まりを支える学習評価

●目次｜CONTENTS

横浜国立大学教育学部附属横浜中学校

第 1 部

基本的な
考え方

※本書では，特に断りがない場合，次のように各資料を表記する。

本書での表記	正式名称
『新学習指導要領』	文部科学省（2017）「中学校学習指導要領」
『新解説』	文部科学省（2017）「中学校学習指導要領解説○○編」
『答申』	中央教育審議会（2016）「幼稚園，小学校，中学校，高等学校及び特別支援学校の学習指導要領等の改善及び必要な方策等について（答申）」
『報告』	文部科学省（2019）「児童生徒の学習評価の在り方について（報告）」
『改善等通知』	文部科学省（2019）「小学校，中学校，高等学校及び特別支援学校等における児童生徒の学習評価及び指導要録の改善等について（通知）」
『参考資料』	国立教育政策研究所教育課程研究センター（2020）「『指導と評価の一体化』のための学習評価に関する参考資料（中学校　○○）」
『附属横浜中』（2016）	横浜国立大学教育人間科学部附属横浜中学校（2016）「新しい時代に必要となる資質・能力の育成Ⅰ　『知識・技能』の構築をめざす授業事例集」，学事出版
『附属横浜中』（2017）	横浜国立大学教育人間科学部附属横浜中学校（2017）「新しい時代に必要となる資質・能力の育成Ⅱ　『学びの自覚』を促す授業事例集」，学事出版
『附属横浜中』（2018）	横浜国立大学教育学部附属横浜中学校（2018）「新しい時代に必要となる資質・能力の育成Ⅲ　『学びをつなぐ・ひらく』カリキュラム・デザイン」，学事出版
『附属横浜中』（2019）	横浜国立大学教育学部附属横浜中学校（2019）「新しい時代に必要となる資質・能力の育成Ⅳ　『深い学び』へと導く授業事例集」，学事出版
『附属横浜中』（2020）	横浜国立大学教育学部附属横浜中学校（2020）「新しい時代に必要となる資質・能力の育成Ⅴ　『学びに向かう力』を育む授業事例集」，学事出版

これからの「学校」のあるべき姿を追究するⅠ

～資質・能力の高まりを支える学習評価のあり方～

1　研究主題の設定の趣旨

（1）『新学習指導要領』の目指すこれからの学校教育

　これからの社会は，「Society5.0」時代を見据えた変化や「ダイバーシティ＆インクルージョン」の進行などが，私たちの予想をはるかに超える速度で繰り広げられると考えられている。また，新型コロナウイルスのような予見することさえ困難な大きな危機などにより，これから先も様々な形で私たちの生活は脅かされたり，生活のあり方そのものを見直すように迫られたりすることも否定できない状況があり，まさに先行きの見えない社会が待ち受けていると言えよう。そのような中でも，例えば「SDGs」に代表される，貧困や環境問題などをはじめとした国境を越えた諸課題と向き合うことが，国際社会を生きる一員として求められており，目の前の状況に適応し活躍していけるような「持続可能な社会の担い手」を育成していくことは，OECDが提唱する「Education2030」からも読み解けるように，世界共通の喫緊の課題と考えることができる。

　では，そのような人材を育成するために，これからの学校教育はどうあるべきだろうか。『答申』では，「よりよい学校教育を通じてよりよい社会を創る」という目標を学校と社会が共有し，新しい時代に求められる資質・能力を子供たちに育む「社会に開かれた教育課程」を実現することが，目指すべき理念として位置付けられた（p.1）。2021年から全面実施となる中学校の『新学習指導要領』への改訂はそれを踏まえて実施されており，そこでは知・徳・体にわたる「生きる力」を育成するために，「何ができるようになるか」（育成を目指す資質・能力）を明確にしながら，その実現に向けて「何を学ぶか（学習内容の見直し）」と，「どのように学ぶか（学習過程の改善）」を重視した学習活動を充実させていく必要性が語られている。そして，教育活動の質的向上と学習効果の最大化を図っていくため，「カリキュラム・マネジメント」を適切に施し，社会の劇的な変化を乗り越え豊かな人生を切り拓くことができる資質・能力を，教育課程全体を通して育成していくことが目指されている。本校では，今改訂に沿って新たに教育課程を「社会に開かれた」ものとなるよう編成していくには，各教科等や教師各々の「個」による取組や働きかけの一層の充実を図るのはもちろんのこと，「学校」という母体そのもののあり方や価値を社会との関わりの中から問い直し，「チームとしての学校」像を組織的に確立していくことが不可欠であると考えた。

　よって，2020年度からの研究主題を，「学校」のもつ可能性を「あるべき姿」として「かたち」に示していくことを目指し，「これからの『学校』のあるべき姿を追究する」と設定した。これからの新しい時代を担う生徒たちが，身に付けた資質・能力を発揮・活用しながら，そして必要に応じて資質・能力を時代に即したものへと更新しながら，よりよい幸せな人生を送っていけるようにするために，「学校」はどのような役割を果たすことができるのか，完全な「正解」のな

いこの問いに対し,「最適解」を導き出せるように,研究を進めていくこととする。

(2) 本校の研究の歩み

これからの学校教育は,コンテンツ・ベース(「何を学ぶか」という視点)の内容中心の教育から脱却し,コンピテンシー・ベース(「何ができるようになるか」という視点)の資質・能力を基盤とした教育へ,「教育観」を大きく転換していくことが重要となる。本校では今回の改訂を機に,コンピテンシー・ベースの学びにおける価値や意義を整理することを目的として,「新しい時代に必要となる資質・能力の育成への試み」を主題とした研究活動を5年にわたり行ってきた。そして,「知識・技能」「学びの自覚化」「カリキュラム・デザイン」「学びの深まり」など,資質・能力を育む上で重要な要素に着目して研究を重ね,求められる「授業観」について明らかにしてきた。また,育まれた資質・能力を適切に見取り,生徒の学習改善や教師の授業改善に生かせるような新たな「評価観」の構築も同時に必要であることを実感し,昨年度は,生徒自らが学びに関するポジティブな情意,つまり「学びに向かう力」を育んでいくために,教師がどのように関わり支援していくべきか,「『学びに向かう力』を育む指導と評価のあり方[1]」を副主題に掲げ,指導と評価の両面からその具体に迫った。

その中で見えてきたことを整理すると,以下の3点が重要であることが分かった。

　①「学びに向かう力」を育むための授業デザイン…生徒自身が「何ができるようになるか」を具体的かつ豊かにイメージして取り組み,その学びから得たものを次の学びや今後の社会や人生に生かそうとする姿を,「到達させたい姿」として位置付け,その実現に向け,単元(題材)の構成や学習内容に対する軽重を考えたり,学習課題の選定や提示方法を吟味したりする,「逆向き設計」によるデザインをするべきであること。

　②生徒と学びの方向性を確認し合う「道筋」の共有場面の設定…①に関わり,生徒が学習に対して主体的に向き合って取り組んでいくには,その学習を通じて「何ができるようになるか」を生徒自身にも把握させ,学習を通じて得られる自分の「ゴールの姿」をイメージできるように,単元(題材)を通じて身に付けさせたい資質・能力やその際の評価方法など,単元(題材)の全体像を教師と生徒で共有する場面と時間を確実に設けること。

　③生徒が学びの主体となるような教師のファシリテート…②に関わり,生徒自らが学びの舵取りを行い学びを深めていくためには,生徒に「自問」が生じるような「発問」や,教師からの働きかけが「誘導」にならないように可視化・共有化・焦点化を図った「間接指導」などの,「学びの深まりを促す流れ」(『附属横浜中』(2019))が有効であること。

あわせて,「主体的に学習に取り組む態度」の「記録に残す評価」を行っていく際の工夫として,評価場面を「意思的な側面」がどの生徒からも見取りやすい単元(題材)の後半に設定することが望ましいこと,他者との交流から自らの学びの成果の実感と新たな問題の発見ができるように「振り返り」の場面を授業時間内に確保すること,「意思的な側面」の表出を促すように問

---

1)本校では「在り方」を「あり方」と表現している。これは一昨年度,本校研修会の講師に招いた鹿毛雅治氏(慶應義塾大学)から,「『在』という漢字を用いると,その場に物質として形を成し存在しているような印象を与えてしまう」という提言を受け,広義の解釈が可能となるように,あえて平仮名による表記を採用している。(『附属横浜中』(2019))

い方の工夫を施すこと，を実践から明らかにした。詳細は，『附属横浜中』（2020）を参照されたい。

（3）今年度の研究副主題の設定

　「評価」（ここでは主に，「学習評価」を指す）という言葉には，未だに誤った解釈がなされていることも，実践から見えてきたこととして挙げられる。生徒・保護者には，「評価＝成績」という，数値化や序列化されたものというイメージが根強く残っている。そして教師側でさえ，例えば研究発表会や学校視察で来校された方々の中にも，「今日の授業の何を成績に入れるのか？」「（生徒の記述や成果物などを指し）これは評価に入れるのか？」など，その評価の目的が「指導に生かす」ためのものか「記録に残す」ためのものかの線引きが曖昧なために「評価のための評価」に翻弄されていたり，それ故に「評価疲れ」に陥ってしまったりしている様子が散見される。

　「評価」とは，単に学習結果という情報が焦点化されたものではなく，「目標達成に向けた過程は適切だったか」「目標達成には何が必要だったか」など，きちんとそこまでの足跡に目を向け，丁寧に分析を行い，それ以降の活動をどのように改善すべきかを検討する上で不可欠なものとして価値がある。つまり，資質・能力を育成し，それを発揮・活用させる中で，生徒に身に付いたことの実感を促したり，それを磨き上げて洗練させたりしていくために「評価」は意味を成す。ならば，「評価」を語るには，単体で扱うのではなく，資質・能力の育成を目指す教育課程全体やその中での各教科等の学習方法などの「指導」と一体的に扱わなければならない。事実，『報告』では「学習指導」と「学習評価」は「学校の教育活動の根幹」であり，特に「学習評価」の役割については，「各学校は，日々の授業の下で児童生徒の学習状況を評価し，その結果を児童生徒の学習や教師による指導の改善や学校全体としての教育課程の改善，校務分掌を含めた組織運営等の改善に生かす中で，学校全体として組織的かつ計画的に教育活動の質の向上を図っている」（p. 3）と述べられている。これからの「学校」に適した「学習評価」とはどのようなものかを明らかにすることが，学校全体の教育活動を質的に向上させる上での大きな一助になると言えよう。

　また，「評価」は「教師が生徒に行う行為」であるという考えも，見直していかなければならない。特に「主体的に学習に取り組む態度」は，単元（題材）に関わる必要な知識及び技能を身に付け「ようとしている」か，それを活用して思考，判断，表現を行「おうとしている」かどうかを見取る観点であり，それを適切に評価するには，生徒自身が粘り強い取組の中で自己調整を行えていたかどうかについて，「言語活動」を通して自分の理解の状況を客観視したり，他者との比較から自分の考えを相対化したりして，適切に評価する「評価者」となることが求められる。つまり，この場合の「評価」に対する主語は生徒であり，教師はその場面を設定したり，生徒がPDCAサイクルを確立できるように整備したりする役割を担うことになる。そして，そのサイクルが自分にとって有益なものだと実感するようになるためには，生徒自身が他の二つの観点と関連付けながら自己モニタリングの精度を高めていくことが必要になる。それを明らかにするには，「知識・技能」「思考・判断・表現」の観点の趣旨を整理し，各観点の見取り方と支援のあり方の関わりを改めて見直していかなければならない。また，記述や発言が苦手な生徒への配慮や手立て，見取ったものを生徒に返す際の効果的な「フィードバック」や，これからの問題解決に向けたアドバイスなどの「フィードフォワード」のあり方など，生徒個々に寄り添った評価

を実現する上で必要な教師の具体的な振る舞いについても検討を重ねていく必要がある。

　そこで今年度は，授業実践を通してそれらの検証を行うことで成果と課題を明らかにすることを研究の目的とし，研究副主題を「資質・能力の高まりを支える学習評価のあり方」と設定した。

2　今年度の研究の経緯
（1）資質・能力の高まりを支えるために
［1］「道筋」の共有の質的向上

　今年度まず取りかかったのが，「道筋」の共有の更なる質的向上である。昨年度，本校の校内研修会の講師であった京都大学の石井英真氏から，「教師と生徒の垂直的な教え込み関係でも生徒同士の水平的な学び合い関係でもない，教師と生徒が共に教材と向かい合って学び手として競り合うナナメの関係を構築することが重要である」ことを知見として得ていた。「道筋」の共有は，そういった関係性を構築する上で効果的な手立ての一つと言えよう。もちろん，過度な意識をもたせてしまうことで思考の幅を狭めたり，教師の誘導の度合いが強くならないように細心の注意を払ったりすることは必要であるが，学びの「道筋」を教師と生徒が共有することは，これからの「学び」のあり方を語る上では，不可欠な取組になると本校は結論付けた。

　『新学習指導要領』において，各教科等の目標が，資質・能力の三つの柱に沿って整理された。これは，各教科等で3年間を通して育成すべき資質・能力の具体と，生徒の目指すべき3年後の姿の具体が示されたと言える。つまり，到達すべき「目的地」が明確化されたのである。ならば，教師の役割は，生徒が3年間の「学びの航海」に旅立つのに際し，その「目的地」をきちんと示し，学びの舵取りを主体的に行っていけるように支援すべきではないかと考えた。

　そこで，本校が作成したのが「まなびの手引き」（以下，「手引き」）である。「手引き」は，その教科を学ぶ意義や身に付けたい資質・能力の具体を，グランドデザインとともにまとめ，全教科分綴じ込んだものである（図1）。これを年度初めの「授業開き」の際に用いて教科の学習の方

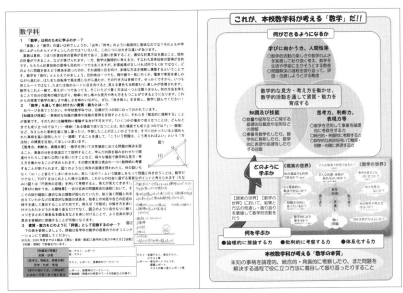

図1　「まなびの手引き」における，数学科のページ

向性を共有することで，生徒に長期的なスパンでの見通しをもたせることができ，さらに生徒が自らの学習状況を定期的に振り返り，目指すべき資質・能力が身に付いているかどうか「自己評価」する際の，大きな拠り所にすることができると考えた。また，「手引き」を作成することで，教師側の教科指導の方向性の共有も図られ，身に付けた資質・能力をどのような学習活動を介して記録に残し評価するのか，教科としての方針や考えを生徒に情報として提供することも可能になる。ただし，作成が目的化され，「手引き」自体が形骸化しないように，各教科のあらゆる場面でグランドデザインを用いて現在の立ち位置を確認させたり，廊下や特別教室など生徒の目につく場に掲示したりして，常にその教科が目指すべき有り様を意識できるような工夫を講じた。

　次に着手したのが，「学習プラン」（以下，「プラン」）のフォーマット化である。「プラン」は，その単元（題材）の学びの全体像を生徒と共有することを目的に，「身に付けさせたい資質・能力」を「評価規準」形式で述べたもの，小単元それぞれの「ねらい」やその際の「学習活動」，単元（題材）の学習成果を記録に残す際の「評価方法」が記載されたプリントやスライドなどの総称である。「プラン」の大きな意味は，この単元（題材）の学びを通じてどのような資質・能力を身に付けられるのか，そしてそれがどの程度身に付いたかをいつどのような場面でどのように評価するのか，生徒に具体をきちんと開示しているところにある。そうすることで，生徒は学習に対する「道筋」が鮮明に見通せるようになり，また自ら学習を進めていく過程で，目標（評価規準）と現在の学習状況を照らし合わせてその乖離が実感しやすくなると考える。教師も，目標を実現できていない生徒にただ「頑張れ」と言うのではなく，目指すべき方向性を「プラン」を用いて示し，どのような努力が必要かを具体的に伝えることができる。『報告』では，「評価の方針等の児童生徒との共有」は「自己の学習の調整を図るきっかけになる」（p.14）と述べられており，「プラン」の活用は，生徒の自己モニタリング機能の一層の促進につながることが期待される。また，同学年に複数の教科担当がいる場合には，「プラン」を共同で作成することで教師間の指導と評価の方向性のズレを回避することが可能となり，どの教師が授業を行っても生徒にとって不公平感のない環境が担保されるようになることも大きな利点と言える。「プラン」を作成する上で注意すべき点は，学習活動の示し方である。数学や理科のような発見や気付きが教科の醍醐味となる教科では，「プラン」の中で詳細に学習内容を記載するとその醍醐味が失われてしまう可能性がある。逆に音楽や保健体育のように，自己の成長を技術的な進歩から実感しやすい教科では，詳細な情報を示した方がその先のイメージを描きやすくなり，「学びに向かう力」の高まりを促す上でも効果的だと考えられる。必要な情報をどこまで「具体的に」示し，何を「抽象的に」表すべきかを，教科の特性を念頭に置き，丁寧に吟味と検討を重ねていかなければならない。

［2］資質・能力の高まりを実感できる授業のあり方

　今年度の研究副主題に基づく最初の授業研究は，第3学年の国語の授業をモデルとして行った。「1年生が最初に出会う"物語文"を提案しよう」という学習課題で，これから入学してくる新1年生に出会わせたい作品を，各々が既習の題材を含めた複数の作品から根拠をもって提案し，それを基に共有や交流を行い，自分の読みを確かめていく活動であった。コロナ禍を考慮し，各々のタブレットパソコン（以下，TPC）を使用し，Microsoft Office365で利用できるチャットツール「Microsoft Teams」（以下，Teams）を介したオンラインでのやり取りで共有や交流を行ったが，

生徒たちは各々がアップした Word ファイルの文章（薦める作品やその理由についてまとめられている）を読んだり，特徴を比較しやすくするために作成したレーダーチャートを確かめたりして，熱心にコメントを投稿し合っていた（**図 2**）。自分と同じ作品を薦める投稿でも，根拠に違いがあれば互いが納得いくまでコメントを交換し合う様子や，他者からのコメントや提案を踏まえて自分の考えを見つめ直し，より確かなものへと構築を図っていく様子などから，「読むこと」における「精査・解

図2　授業研究の様子

釈する」ことや「批評する」ことなど，これまでの学びを発揮・活用して取り組む姿が数多く見受けられた。また，単なる感想や質問のみで終わらずに，相手にとって有用なものとなるよう助言や提案などを意識して書き込む姿や，教師がそのオンラインのやり取りに介入してコメントを行い，交流を価値付けたり生徒たちが見落としている点を投げかけ揺さぶったりする姿などから，「相互評価」や教師による「フィードバック」を授業内に適切に盛り込むことが，生徒に自らの資質・能力の高まりを実感させる上で効果的であることを改めて共有できた。

　なお，本校の授業研究では，ある一時間の授業のみを参観するのではなく，その単元（題材）の授業全てを公開の対象としている。これにより，資質・能力の育成を目指す上で山場となる活動だけではなく，そこに行き着くまでに生徒はどのように学びを積み重ね，またそれを経て生徒はどのように変容を遂げていくのかを，実際に参観者は追い続けることができる。このようなスタイルを取り入れている理由は，目指すべき資質・能力が，教師が時間の都合で区切った「一時間」の中ではなく，その単元（題材）に係る全ての時間を通じて育まれるべきものだからである。

　よって学習指導案（以下，指導案）に関しても，一時間にスポットを当てたものではなく，単元（題材）全体を一望できるような様式を本校では採用している。また，指導案を細かく作成し過ぎてしまうと，その通りに進めようとする心理が働き，生徒がその瞬間に見せる生の反応や声を生かせなくなってしまう恐れがある。そのため，即時的な対応が行えるように，ある程度自由度を含んだものを作成するようにしている。ただし，評価規準及び評価方法は，生徒の学習改善や教師の授業改善などに生かせるように，学習の途中で行う評価（「指導に生かす評価」）と，学習の結果を記録するために行う評価（「記録に残す評価」）の区別を明確に行っている。なお，「単元（題材）の目標」の項目がないことについて，多くの方からよく質問を受ける。本校では，育成すべき資質・能力の内容が『新学習指導要領』において具体的に整理され，それを受け評価規準が明示されたことを基に，「目標」と「規準」を両方表記することは重複になると考え，「本単元（題材）で育成すべき資質・能力（評価規準）」を「目標」も含んだものとして捉え，示すこととしている。ただし，資質・能力の一つの「学びに向かう力，人間性等」においては，「主体的に学習に取り組む態度」だけではなく，観点別学習状況の評価になじまない部分も考慮する必要があるため，指導案 4 ページ目の「学びに向かう力が高まっている生徒の姿」において，実現を目指したい生徒の姿を具体的に表記することで，情意領域における「目標」を示すこととしている。

　前述の国語の授業研究における指導案は，本書籍 pp.21-24 に掲載している。あわせて，指導案の見方にも注釈を添えて示しているので，参照されたい。

［3］ 3観点の趣旨や関わりについての整理

　今回の改訂で，各教科等における評価の観点が三つに整理されたが，それぞれの観点の趣旨を正しく理解し，それに則り，評価を適切に扱っていかなければ，目指すべき資質・能力の育成には行き着けない。もちろん，従来の趣旨との違いやその観点が目指すべきものの捉えに教師間で誤りや差が生じてしまえば，生徒が不利益を被ることにもつながる。そこで今年度の本校の指導案では，3観点を関連付けたバランスのとれた評価が行えるように，4ページ目で「観点別学習状況のあり方」を新たに項目として加え，その整理を行っている。ここでは，「知識・技能」「思考・判断・表現」「主体的に学習に取り組む態度」について，本校の中で共有した内容や課題について紹介する。

①「知識・技能」

・学校教育という限定的な場での「暗記的なもの」の扱い（「授業で教わった知識や技能をどれだけ多く所有しているか」「テストの時などにどれだけ正確にそれらを再生できるか」など）を改め，それが実生活や実社会の文脈でも発揮・活用が可能な「概念的理解」を伴った「使いこなせるもの」として身に付けられるように留意すべきである。そのためには，ドリルなどを用いた反復練習だけでなく，後続の学習や生活場面で繰り返し使ったり表現したりする「機能的習熟（習得）」（『附属横浜中』（2016））を図っていくことが不可欠である。

・「概念的理解」の具体を各教科で追究することが大きな課題である。例えば，個別の知識及び技能の習得状況を確かめるためのテスト（小テストや定期テストなど）が，現実世界や授業内容と距離のある様相で「暗記力が物を言う」形で実施されてしまえば，身に付けたものを限定的に捉えてしまい汎用性が失われてしまう。知識や技能の所有を「量的」に測るのではなく，どのように関連付けたり組み合わせたりして解決を図るのかを「質的」に測っていくことが「概念的理解」まで及んでいるかどうかの判断の根拠となることから，効果的な問い方や示し方などについて，授業実践を通じて明らかにしていきたい。

②「思考・判断・表現」

・各教科等の知識及び技能を活用して問題解決を図るために必要な思考力，判断力，表現力等を身に付けているかどうかを評価するものであるが，『新解説総則編』においては，「『思考力，判断力，表現力等』を発揮することを通して，深い理解を伴う知識が習得され，それにより更に思考力，判断力，表現力等も高まるという相互の関係にあるもの」（p.38）と示されている。つまり，知識及び技能と思考力，判断力，表現力等は相互に影響し合う関係にあるものと捉えて育成を図っていくことが重要である。

・思考力，判断力，表現力等の育成やその評価に当たっては，適切な言語活動をシンプルな授業構成の中で行っていくべきだと判断する。その際，その場に適した「考え方」を選択し実行できるように，「考えるための技法」（以下，「技法」）を用いる（『新解説総合編』p.79）。今まで無意識的に行っていた「考える」ことに明確な目的意識の下で自覚的に取り組むことができるようになれば，より本質的な理解や更なる発見へとつながり，未知の状況にも対応できる思考力，判断力，表現力等の育成につながると考える。不要な言語活動を無理やり組み込んだり，あえて複雑な形で活動させたりしても，それは活発に取り組んだ「満足感」を得られるだけで，身に付けたもの自体が自覚化されない場合が多く効果的ではない。

・課題は，自分の言葉で説明させたり書かせたりする取組を丁寧に行えば行うほど，多くの時間を要してしまうことである。その解決には，内容の軽重を念頭に置きつつも，必要に応じて「技法」や思考ツールなどを組み合わせながら，各教科の特性や扱う単元（題材）に応じた表し方を検討していくことが必要となる。学年（成長段階）に応じて，どこまで深く追究させるか，どのような「技法」や思考ツールを生徒に活用させるべきか，吟味した上でふさわしいものを見極めていきたい。

③「主体的に学習に取り組む態度」

・挙手の回数やノートにまとめている様子など，その授業での一時的な表出を「点」で見取るものではなく，学習内容の理解へ自己調整を行いながら粘り強く向かっていく姿を「線」で見取るものである。よって，「道筋」に沿って正しく学習を積み重ねられてきたか生徒自身が「自己評価」できるような学習活動を適切に配置することが重要となる。その際，ワークシートを一枚式にして自己の変容や試行錯誤の様子をたどりやすくしたり，文章だけに限定せずに絵やグラフ，図を併用して書かせたりするような工夫を施すことが，質の高い「学び直し」の機会へとつながる。なお，「学びに向かう力，人間性等」は教科特有の視点ではなく，学習活動全体で横断的に育んでいくものゆえに，教科間でほとんど差がない文言で整理されている。つまり，「主体的に学習に取り組む態度」は学校全体の基本的な指導の共通理解と積み重ねによって醸成されていくものであり，それが各教科等での「主体的に学習に取り組む態度」の評価の効果を高めることに寄与することを理解しておかなければならない。

・「〜しようとしている」かどうかを質的に見取るための具体的な取組や工夫は，今後も検討が必要である。例えば，生徒の記述内容を主な根拠として評価を行おうとしても，記述内容と授業での行動や発言が伴っていなければ，記述にどの程度頼ってよいか，その判断が難しくなる。熟考したり作業に没頭したりして授業に深く入り込んでいたことで記述が疎かになってしまった場合や，教師の好む「書き方」に意図的に寄せてきた「忖度した記述」などをどのように扱うべきか，教科内で，そして学校全体で確認をしていかなければならない。

（2）「認め，励ます」新たな評価とは

　9月，関西学院大学教授の佐藤真氏を講師に招き研修会を行った。「児童生徒の学習評価に関するワーキンググループ」委員を務めた佐藤氏からは，学び続ける人材の育成には「性向」の育成こそが必要であり，これからの指導と評価を考えていくには，その人の資質自体を磨き上げていくことを念頭に置いた検討が不可欠であることが示された。

　まず佐藤氏から提唱されたのは，今後の学校教育は，目標・内容・方法・評価を，個別にではなく一貫性をもって考えていくことである。三つの資質・能力は，現行では4観点（国語は5観点）で見取らなければならず，目標と評価を一対の関係で解釈できない「ねじれ」が生じてしまっていたが，これからは目標と評価の一貫性が担保されたことで，資質・能力が実際にどの程度育まれたか，生徒も教師も的確な把握がしやすくなったと言える。だからこそ，前述の通り，はじめに「プラン」を用いて教師と生徒で目標と評価のあり方を確認する場面に大きな意義がある。佐藤氏はここでの共有を怠ると，「生徒は教師の敷いたレールの上を歩くだけになってしまい，ただ内容を習得するだけの受動的な学びとなってしまう」と研修会の中で警鐘を鳴らした。

また,「どのように学ぶか」という方法については,思考の「可視化」「操作化」「構造化」が重要であると,佐藤氏は図3を用いて説明する。はじめに,「見通し」から得られた情報を基に思考を巡らせ,その内容がアウトプットされやすいように様々な言語活動を軸に「可視化」を試みる。ここで佐藤氏は,コロナ禍によって直接的な話合いを避ける現状とその傾向がしばらく続くことを加味し,「書くこと」を主

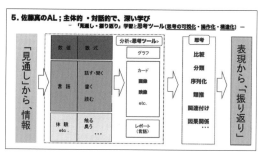

図3　佐藤氏が校内研修会で示した資料

流とした言語活動の重要度が増していくようになると指摘する。その際,ICT の効果的な利活用が,分析の精度や妥当性をより高める一助となる。例えば理科のレポート作成において, TPCを用いて実験の様子を録画しておけば,実験結果だけでなく実験の操作の正確性までもが追究の対象となり,結果の良し悪しだけではなく,プロセスにも目を向ける習慣が付加され,レポートの質の向上が見込めることを佐藤氏は期待する。「操作化」については,比較や分類,関連付けなどの思考を,教師が主導してやらせるのではなく,生徒自らが試行錯誤を経て,「技法」で示されているような考え方のよさに気付くことが重要である。そうすることで,例えば「○字以内でまとめなさい」「関係を図化しなさい」などのような問いかけに対し,自らの思考を操作して最適な表現にて「構造化」することが可能となり,価値のある「振り返り」へとつなげることができる。佐藤氏は,「充実した言語活動によって説明力が磨かれるよりも,相手をやり込めるくらいの説得力が磨かれることが重要である」と述べており,教師の働きかけは言語活動の質を大きく左右し,それがここまでに本校が研究成果としてまとめてきた「学びの深まり」や「『学びに向かう力』の高まり」にも関わっていくことを,改めて全体の共通認識とした。

そして,授業という「場の力」を生かせる環境があるのが「学校」の強みであり,その強みを存分に発揮できる授業を追究していくことが極めて重要となる。佐藤氏は「協働」という言葉を例に挙げ,自分とは考えや性格の異なる他者と「協働」して何かを成し遂げる機会を多く与えることで,「学校」が持続可能な社会の担い手の育成に大きく寄与できることを示唆する。そのためには,基礎的な知識や技能の習得をはじめとした個による取組を家庭学習に回し,対面だからこそ学習効果の高まりが期待できるものを授業で扱う,いわゆる「反転授業」を上手に組み込んでいくことも必要だと説く。また,授業内における「関与の度合い」の見極めも,生徒の学習活動の質に大きな影響を及ぼす一因となることを指摘する。生徒に何もかもをすぐに与えてしまっては,常にそれを期待して思考することを放棄するようになってしまう危険性があるが,極端に距離を置いてしまえば,それは放置にもなりかねない。生徒に委ねて待機を選ぶか,受容に回るか,活動に介入していくか,教師の立場を明確にすることが重要である。もちろん,「キーワード」に気付かせる程度の介入をするなど,学年に応じて,あるいは扱う学習内容や生徒の理解状況などによって,関与の仕方をその都度調整していくことも不可欠である。また,ワークシートにおいても,システマチックに整備された「関与の度合い」が高いものではなく,自ら整理してまとめられるような,自由度の高いものを佐藤氏は推奨する。本校では一昨年の研究の中で,学びが積み重なったり深まったりしていく様相を生徒自ら自由にデザインできるよう,あえて多く

の枠を設けず，設問の記載を必要最低限にとどめることが重要であることを発信しており，ワークシートに対する本校の捉えの妥当性を再確認することができた。

　さらに佐藤氏からは，新たな評価観を見据える上で，「認め，励ます」評価の重要性が示された。学習評価は，生徒が自らの学習活動をよりよいものへと改善を図る上で，自分の理解度やその深まり具合を「振り返る」ために有用であるが，次の学びへ「進む」ことの契機を与える役割も期待される。であれば，生徒の学びを丁寧に見定めてその真価を認め，励ましていくことが求められる。佐藤氏はその際，「叱咤少なく激励多く」が効果的な比率と述べる。この考えは，本校が明らかにしたい「フィードバック」「フィードフォワード」に通じる重要なキーワードとなるものである。そして，「認め，励ます」評価は，教師が生徒に与えるだけでなく，生徒同士でもできるようになることが重要である。そうすることで「協働」に強固なつながりがもたらされ，それがより質の高い協働的な取組を生み出す好循環をもたらすことになると推察できるからである。

　研修会を通して，これからの「学校」が果たすべき機能を，指導と評価の両面から改めて見つめ直すことができた。特に評価に関しては，順位付けに終始した過去の「Evaluation（値踏み）」時代の評価観から脱却し，評価を介して生徒に寄り添う「Assessment（支援）」時代へと移行してきたが，佐藤氏から提唱された，新たな「Appreciation（認め，励ます）」としての評価観は，評価の本来的な側面を際立たせ，生徒の「学びに向かう力」の促進へとつながる重要な視座であることを全体で共有することができた。今後は，個々の授業において，生徒が学びに対し意欲的に主体性をもって取り組んでいけるように，どのように認めどのように励ましていくべきかを，指導と評価を一体として捉えて実践を重ねていく中で明らかにしていくことを確認した。

3　成果と今後への課題

（1）実践から明らかになった学習評価のあり方

　今年度は，全面実施を控えた前年度として，3観点による観点別学習状況の評価や評定などの実際の総括以外は，『新学習指導要領』の目指す方向性に則り，生徒の資質・能力を育成し「学びに向かう力」を高められるような学習指導と，それを支える学習評価のあり方について，前述の内容を基に学校研究の構想を立て，実践を重ねた。コロナ禍による教育活動の制限や縮小もあり，全ての実践を計画通りに行えたわけではないが，そのような状況下でも，資質・能力の育成を図る上での効果的な指導や評価の方法，留意点，そして課題などを教科ごとに洗い出し，現在はその整理を進めている段階である。ここでは，今年度の取組を通じて見えた成果と課題を，学校教育全体に関わる視点と各教科等での実践から共通項として整理した視点の両側面から示す。

[1] 学校の教育課程全体を見つめ直す

　各教科等の学習活動の目的は，生徒の資質・能力を育成することであるが，その「育成」の意図するところによって，学習活動の質は大きく異なってくる。前述の通り，本校では，生徒が習得したことを何度も活用して習熟し，自ら意図的に使いこなせるところまで引き上げることを「育成」と判断しており，その域まで高めていくことが教師の担う範疇と考える。であれば，学校の教育課程全体を通じて，どのような資質・能力をどのような場面で，どのように育成し，それをどのような形で生徒に価値付けさせたり，保護者も交えてどう共有したりできるか，教師側

が学校の教育活動の全容を把握し，その機能について細かく理解しておくことが必要となる。

　そこで，本校はまずグランドデザインの作り直しに着手した。既存のグランドデザインは，学校要覧を通じて生徒や保護者などに提示はされていたが，形骸化している面は否めず，教師側にとっても，教育活動の方向性のコンセンサスを図る際の拠り所としての機能は十分に果たせていなかった。そこで，グランドデザインの各項目が本校の現状を踏まえ目指す方向性を的確に示せているか，各項目の関連付けが正しく行われているかを視点に，改めて内容の精査を行った。「目指す生徒像」を心理的，社会的，認知的，身体的[2]の四つの側面で整理し直したり，「総合的な学習の時間」において，「目標を実現するにふさわしい探究課題」と「探究課題の解決を通して育成を目指す具体的な資質・能力」を明記したりするなどして，新たなグランドデザインの核となる部分の加筆・修正を進めた。ただし，今回の作業の目的は既存のものを刷新することではなく，あくまで教育課程全体を通じて資質・能力を育成していくこれからの学校教育に対応できるかどうかを見極めることであり，例えば「学校教育目標」は，その内容について議論を進めたが，本校の理念や求められる人間像とのつながりを的確に表現していると判断し，既存のものから変更をしなかった。一方，各教科等の関わりにおいては，「総合的な学習の時間」の位置付けが，「学校教育目標」やその実現に向けた「短期重点目標」の核になっていることがより明確になるように教育活動の最上段に掲げるなど，各項目の内容とともに配置にまでこだわった。

　各分掌，各学年，各教科などで分担しながらグランドデザインにまとめていく作業は容易ではなかったが，自分たちの手で学校の全体像を描いていくことで，各種取組がどのようなつながりを生み出し，それが生徒の成長にどのような影響を与えるのか，そのためどのように進めていくことが望ましいのかを自覚することができた。課題は，作成自体が目的化されたり，形骸化されたりしないようにすることである。グランドデザインをはじめとした様々な「計画」が，発信した「証拠づくり」に使われ，そのまま放置されることがないように，見直す機会を定期的に設け，常に PDCA サイクルを回していくことが，それら「計画」を機能させる上での必須事項と言える。

［２］各教科等における学習活動のあり方を整理する

①「プラン」を活用することの意義

　「プラン」は，学習指導と学習評価を一体的に捉える上での有用な媒体として，存在価値がある。ならば，教科で学びの様相が異なる以上，各教科で，場合によっては表現と鑑賞，地理と歴史のような領域や分野で示し方に違いが生じるのは必然である。ここでは，各教科での「プラン」を用いた実践において明らかになったことを整理する。

ア 「記録に残す評価」の方法を提示すること

　実践を進めていく上で，「何をどの場面でどのように記録に残すかを事前に示すと，記録される評価場面のみ頑張り，他の場面で手を抜くようになってしまう生徒が出てくるのでは」「成績重視

　2）PISA 調査の国際結果報告書（2015）の中で，生徒の「well-being」（健やかさ・幸福度）には，心理的，社会的，認知的，身体的な四つの働きが特徴としてあると定義されている。本校の「目指すべき生徒像」を整理する上でも，「生徒の実態」を考慮しながら，OECD の「Education2030プロジェクト」が目指す，2030年の社会での活躍を念頭に置き，「知・徳・体」に社会的側面を加えた四つで整理することが適切であると判断した。

の誤った傾向への助長となってしまうのでは」という，記録に残す評価を行う時期や評価方法を生徒に全て伝えることに対する懸念の声も上がった。しかし，仮に集団の一部にそのような傾向が見受けられたとしても，評価場面だけ頑張ってよいものを示せるとは考えづらい。むしろ，その瞬間だけの努力でカバーできるようであれば，その学習課題や授業の組み立てに問題があると考えられる。到達すべき姿は示されているのに，その到達状況をどこでどのように見られるのかの具体が分からなければ，生徒は身に付けた力の発揮どころがつかめず，自己の学習状況の把握も難しくなる。教師は，形成的な関わりで「過程」を充実させるとともに，生徒の「成果」もきちんと評価して返すことが重要であり，それが学習評価の「ブラックボックス」的な悪しきイメージを払拭することにつながると考える。ただし，ルーブリックを含め様々な評価情報を開示しても，生徒側がその情報に目を向けず学習を進めてしまうこともあるため，生徒自身が「プラン」の意義を理解し適切に活用できるように，教師が粘り強く関わっていくことが必要となる。

イ 「プラン」で発信する内容や時期を見定めること

学習活動と評価活動が両輪として効果的に機能するように，「プラン」の項目の追加や項目の配置替えなどを意図的に行うことも重要な検討事項である。単元（題材）の振り返りの枠を「プラン」内に作り，「道筋」と自らの学習過程を比較しやすくしたり，単元（題材）を貫く問いに通じる問題提起を示し，その単元（題材）を学ぶ必然性を最初に意識付けたり（例：1年生数学「データの活用」において「批判的に考察する」とは何かをイメージしやすくするために，PISA調査問題を「プラン」内に載せて，「批判的」という考え方の具体をつかませる），その単元（題材）に関わる基本的な知識などを最初に押さえさせるためにワークシートで一体的に扱ったりするなど，各教科の実践の中で様々な工夫が施された。また，生徒に「道筋」を示すためには，単元（題材）の最初に「プラン」を配付することが基本となるが，生徒に問いをもたせたり，悩んだりしている場面での提示が効果的に働く場合もある。あわせて，「説明責任を果たした」事実を残すだけの配付にならないように留意することも必要である。生徒に単元（題材）の中盤で「プラン」に改めて目を通させ，ここまでの学習状況を「自己評価」させたり，ここまでに学び得たものに下線を引かせて自覚を促したり，これからの学びにどのようにつながっていくのか，新たな見通しをもたせたりして，「プラン」を拠り所とした継続的な活用を工夫していくことが大切である。

ウ 「プラン」に縛られ過ぎないこと

小単元や帯活動など「プラン」で示すことが難しい学習活動も当然あり，全ての学習活動が「プラン」で整理できるわけではない。単元（題材）の境目が明らかな場合や，数時間かけて資質・能力の育成を目指すプロジェクトなどを，「プラン」作成の対象とすべきである。また，「プラン」を作成すると，その通りに進めなければならない感覚が働いてしまうかもしれないが，生徒の様子から大胆な方向転換が必要になることも十分想定されるので，縛られ過ぎないようにすることが賢明である。むしろ，「プラン」は学び始める際の方向性を示したものだと割り切り，学びの過程で細かく修正を図っていくべきものと捉える。そして，修正箇所や変更点があればその都度生徒と共有し，教師と生徒が互いに「プラン」を使いこなして学びを蓄積していくことが望ましい。

②3観点の趣旨を関連付けた学習評価

『新学習指導要領』の示す目標を基に，『改善等通知』に整理された「評価の観点及びその趣

旨」を踏まえた実践を各教科で行った（詳細は，本書籍第2部（p.31～）を参照）。

　知識や技能が身に付いているかどうかを質的に解釈するには，例えば，知識自体を直接問うのではなく，知識を用いて答えるような問いを与えたり，教師がテンプレートを準備し，用語を適切に使用しながら正しく説明ができるかを確認したり，教師が誤った手順での操作を見せ生徒がそれを指摘できるか見取ったりすることなどが，実践から明らかになった効果的な方法である。これらに共通して言えるのは，教師の発問や振る舞いが多大な影響を与えるということである。知識や技能は，様々な問題解決の糸口となる重要な武器であり，指導に臨んでは，分かっていることを自覚させられるような豊かなアプローチを教師が実践していけるかどうかがカギとなる。

　思考力，判断力，表現力等を促進する「技法」については，生徒に考え方の幅を広げる上で効果的であることが確認できた。また，教師が考え方の定まっていない生徒に助言を行う際も，考える視点を明確に提示することが可能になり，どのように考えるとよいかの具体を生徒につかませやすくなった。ただし，ある「技法」ばかりを使わせていると，その「技法」のみに頼った考え方に固執し，広く事象を捉える視点が損なわれてしまう危険性もある。図4は，本校教師に「どの段階からある程度『技法』を使いこなすことができると思うか」を聞いた際の結果である。本校生徒を対象にした回答のため，一般的にどこまで当てはまるかは検討の余地があるが，生徒の成長段階に応じて「使いこなし具合」が変わってくるという判断は，他校の生徒と比較しても大きくズレることはないと考える。

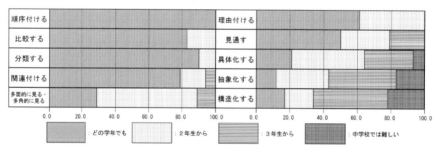

図4　どの段階から「技法」が使いこなせるか，に対する本校教師の回答の結果

　つまり，例えば1年生の段階では「技法」を意識した発問や声かけを行うが，学年が上がっていくにつれ，限定的なものに捉われないように抽象度を上げていくことなどが効果的な工夫と言える。更にその際，生徒の記述や発言に対し，「比較して考察できていますね」「多面的に見るとは，まさにこういうことですよね」などと，教師側から「技法」と関連付けたコメントを返すと，生徒の学びの深まりをより促進させることができる。生徒たちが自然に最適な考え方を選び使いこなしていけるように，1年生から幅広く「技法」に触れさせていくこと，教師側の提示を成長段階に応じて，また個々の学習進度に応じて調整していくことが重要である。

　生徒自身が自らの学び具合を適切にモニタリングする上での工夫として，「（同系統の学びでは）常に同じ視点で振り返りを行う」「各単元（題材）での振り返りがバラバラで保存されないように，一つのワークシートに集約する」「その日の授業の様子をいつでも想起できるように，ホワイトボードに書き込んだ記述の画像やクラス全体で共有した内容をスライドにまとめたものをデータで配信する」などが，実践後に教師から成果として挙げられた。なお，ある生徒のよい

記述や取組などの「見本」に触れる機会を設ける際も，その「見本」となるものを生徒が必要な場面ですぐに閲覧できるようにデジタル化してデータで配信することは効果的な手法である。だが，生徒によってはそのデータを所有しているだけで活用できていないケースも少なくない。単なる配付にとどまってしまわぬように，どこがよいのかを授業内で話し合わせるなどの工夫が必要であり，それにより自分の記述や取組を見直し，質の高い振り返りにつなげることができると考える。

　また，記述においては的を射た内容をまとめられているが，行動が伴っておらず，言行にズレがある場合など，様々なパターンの表出を想定しておくことが教師側には求められる。その際，生徒個々の状況にもよるが，適切な判断を行うために行動を加味して評価内容を見直したり，個別に声かけを行い実際どの程度理解しているかを聞き取ったりなどして評価を補正し，信頼性を保つよう努めていくことが必要となる。また，このように記述と行動など表出のさせ方にズレがあった生徒には，上手に自分の現在の学習状況を把握し，適切に力が発揮できるように，教師が継続的に観察や点検を心がけ，関わっていくべきであろう。

③生徒の学びを促すフィードバック，フィードフォワード

　生徒の取組を丁寧に分析し，そのよさや課題などを「フィードバック」すること，どのような改善がどのような姿への変化をもたらすのか，未来を展望できるように「フィードフォワード」することは，受け取る側の生徒にとって，次の学びに向かう際の有益な手掛かりとなる。ここでの目的は，生徒の「自己評価」だけでは気付きにくい部分に光を当てることであり，その内訳は，内容面に対する指摘や激励から，制作に費やす時間の使い方など計画性に関わる部分へのアドバイスまで，多岐にわたる。一方，受け持つ全ての生徒のワークシートの記述や制作途中の作品に対し，毎時間必ずコメントを記述や直接の声かけで返すのは，こなすことが目的化され「評価のための評価」に埋没してしまう恐れがあり，教師の負担を考えても現実的ではない。そのため，「よい気付きと課題となる部分に種類や色を変えた下線を記す」「単元（題材）の中で，生徒一人につき一回はコメントを返す」「作品に対する評価は，コメントの記述と返却時の声かけ（面談形式）を併用して返す」など，生徒に学習改善や自己調整の契機を合理的に与えられるような各教師の工夫が必要になる。『報告』では，「単元や題材などのまとまりの中で，指導内容に照らして評価の場面を適切に位置付ける」必要性が述べられており（p.14），評価における負担過多に注意しつつ，生徒にとって有意義な「学びの還元」を行っていくことが求められる。

　また，生徒の学びを価値付けるための根拠は，記述だけではなく，発言や行動の中で表出される場合も多々あり，見取りやすいものばかりを評価の材料とすると，その生徒の学びを多面的に価値付けることはできない。そのために，生徒の議論の様子，演奏の様子，プレーの様子など，様々な表現の中で表出される生徒の力を見落とさないようにすることが重要であるが，その全てを漏れなく教師が把握することは不可能に近い。だからこそ，「評価は教師だけが行うもの」という考えを改め，生徒同士での「相互評価」の関係性を構築することで，そこでのやり取りを評価する際の大きな拠り所とすることができる。また，表出場面を動画などのデジタル情報で保存しておく方法なども効果的である。そうすることで，授業後に，授業時に行った評価が適切だったかどうかの検証を視覚情報と聴覚情報をあわせて見直したり，うまく取り組めていなかった生

徒のピックアップで「抜け」がないかを確認したり，映像を根拠にその瞬間では見取れなかった点を改めて分析したりすることができる。ICT の利活用は，生徒の学習効果を高めるだけでなく，教師側の評価の妥当性・信頼性を高めることにも寄与する。ただし，見えやすいように表出させられることが他者から認知してもらえる上での前提であることに触れ，表出が上手にできない生徒へは教師の粘り強い指導や関わりが求められることは言うまでもない。

（2）これからの学校教育の一層の充実を目指して

　令和 2 年10月，新しい時代の初等中等教育の在り方特別部会において，『「令和の日本型学校教育」の構築を目指して（中間まとめ）』（以下，『中間まとめ』）が示された。ここでは，向こう10年間の学校教育の進むべき方向性について，『新学習指導要領』の着実な実施と ICT の利活用を軸として，「全ての子供たちの可能性を引き出す，個別最適な学びと，協働的な学びの実現」を目指していくことが語られている。予測困難な時代を迎えた社会からの学校教育への要請は多様化を極め，生徒個々の特性や学習進度などに配慮した学習者側の視点に立った対応なども今まで以上に求められるようになることが想定される。だからこそ，学校教育を取り巻く環境の変化を前向きに受け止め，生徒一人一人の学びを最大限に引き出す役割を果たしつつ，主体的な学びを支援する伴走者としての能力を発揮していくことが「令和の日本型学校教育」における教師の姿として重要であると，『中間まとめ』は述べている（p.17）。

　今年度は，新型コロナウイルスの影響から，意図した形での実践が行えなくなるなど，計画通りに研究を深めていくことができなかった。しかしその分，教科内で，または教科の枠を越えて授業について話し合ったり，評価の方法について議論を重ねたりする時間を多く生み出すことができ，次年度からの全面実施に向けて落ち着いて準備を進めることができた。授業研究やそれに係る校内研修などを行うと，「自分だったらあの方法は選ばない」「○○科と，自分の△△科では違う」など，批判的な声やネガティブな発言に埋め尽くされて建設的な場にならないと嘆く声を耳にすることがある。しかし，生徒に協働的な学びの魅力を味わわせる側の教師が建設的な意見交換を行い，協働的に解決策を講じることができなくては，その魅力を生徒に伝えることは叶わない。これからの時代に求められる学びは，教師一人が一教科の中で実現を図っても包括できない広さがある。ならば，その不足の面をカバーするのが他の教師の役割であり，特に一人教科の場合は学校の外に出て地域の研修会などで他校の教師と意見交換をして自らの見識を深めることなども一層重要になってくる。まさに「チーム学校」としての取組が試され，更には地域が一丸となり，協働して生徒の成長に関わっていく時代の幕開けと言える。学校だからこそできる学びの強みを今以上に磨き上げ，生涯にわたって学び続ける生徒を育成していけるように，この改訂のタイミングを好機として捉え，私たち教師も研鑽を重ね学び続けていかなければならない。

●参考・引用文献
・佐藤真（2019）「新しい評価がわかる12章」，『学校教育・実践ライブラリ Vol. 1 〜12』，ぎょうせい
・田中保樹ほか（2020）『資質・能力を育成する学習評価』，東洋館出版社

〈今年度の「プロセス重視の学習指導案」の見方〉

プロセス重視の学習指導案

国語科　学習指導案

横浜国立大学教育学部附属横浜中学校　　土持　知也

1　対象・日時　　３年Ａ組　令和２年７月27日（月）　６校時

2　本単元で育成したい国語科の資質・能力（評価規準）

本単元（題材）で，とくにターゲットとなる指導事項について，『参考資料』における「内容のまとまりごとの評価規準」の考え方等を踏まえて本単元（題材）の評価規準を作成する。なお，本書籍 p.11 で述べた通り，「単元（題材）の目標」を兼ねるものとして扱い，重複を避けるため「単元（題材）の目標」という項目は設けない。

知識・技能	思考・判断・表現	
①自分の生き方や社会との関わり方を支える読書の意義と効用について理解している。	①「読むこと」において，文章を批判的に読みながら，文章に表れているものの見方や考え方について考えている。 ②「読むこと」において，文章を読んで考えを広げたり深めたりして，人間，社会，自然などについて自分の意見をもっている。	①学習課題に沿って文章を読み，考えたことを進んで伝え合い，自分の意見をもとうとしている。

本単元（題材）の内容に関する説明を，その単元の意義や生徒にとっての学びの必然性を踏まえて記載する。

3　単元「文章を読んで考えを広げたり深めたりして，１年生が最初に出会う"物語文"を提案しよう」について

　本単元では資質・能力を育成するために，「１年生が最初に出会う"物語文"を提案する」という学習課題を設定する。教科書教材の中で，１番最初に生徒が出会う「物語文」は，言い換えると，その教科書の"顔"と言っても過言ではない。その証拠に，本単元で扱う３社の２・３年生の教科書の４月に扱うと想定されている物語文は，いわゆる名作と言われる定番教材が並んでいる。しかし，１年生の教科書だけにおいては，事情が違う。各社ともに，１年生が最初に出会う物語文は，教科書のために新しく書かれた"書き下ろし"の作品が並んでいる。どの作品も，新しい学校生活に向けての不安や思春期という難しい時期を迎えた，生徒と同年代の人物が登場し，共感しやすいのが特徴である。また，情景描写によって登場人物の心情が表されるという特徴もある。本単元では，それらの作品を読み，精査・解釈していく中で，時に自分の３年間の生活を振り返ったり，また，２・３年生で出会った『アイスプラネット』『握手』の二つの作品との関連を考えたりしながら，これから入学してくる１年生と出会わせたい作品を，各自が根拠をもって提案できることを目指したい。

　扱うテキストは既習の題材を含めて４作品とし，それぞれの作品のもつ特徴を，観点を明確にしながら比較させる。観点はレーダーチャートを用いて比較させたり順序付けをさせたりし，それぞれの作品にどのような特徴が見られるのか，本文の記述を根拠にしながら考えをもたせる。生徒が文章を精査・解釈し，批判的に読みながら，さらに２・３年生の最初に出会う物語文との関連性や，３年間に出会う教科書教材の構成なども踏まえて思考することを通して，自分の意見をもとうとする生徒の姿を期待する。

4　生徒の学びの履歴 教科の本質を踏まえて，生徒のこれまでの学びと本単元（題材）との関連性について説明する（生徒の学びに対する教師の願いも含める）。

　これまでの「読むこと」の学習の中では，複数の情報を整理しながら適切な情報を得て内容を解釈したり，登場人物の言動の意味などについて考えて解釈したり，観点を明確にして文章を比較し，構成や論理の展開，表現の効果について考えたりするなどの学習課題を通して，文章を「精査・解釈」する力を身に付けてきた。本単元では，これまでに身に付けてきた文章を読んで精査・解釈する力を発揮できる学習課題を設定した。さらに，生徒それぞれが精査・解釈した内容を共有したり，意見を交流したりすることを通して自分の読みを確かめ，それを支えるより確かな根拠を基に１年生が最初に出会う「物語文」を提案させていきたい。

　なお，共有や意見の交流の手段として，Teams を活用する。共有や交流では，２年生での「書くこと」の「読み手からの助言などを踏まえ」た授業での言語活動や，前単元の「読むこと」における「批評する」ことを想起しながら，「感想・質問・意見・助言・提案」など，書き手にとって有用なものになるような書き込みをするように促していく。

<指導案－ p.1>

5　資質・能力育成のプロセス（6時間扱い，本時 ☐ は4時間目）

次	時	評価規準 （丸番号は，2の評価規準の番号）	【　】内は評価方法 及び Cと判断する状況への手立て
1	1｜3	見開き（pp.2-3）で，単元等における授業者の指導と評価，生徒の活動を概観できるように記載する。	「指導に生かす評価」の主な評価方法の具体として「観察」「点検」「確認」を使い分ける。「観察」「点検」は，机間指導などを通して評価規準が求めている行動や記述が行えているかを見取ったり，発問の妥当性など授業者の指導改善へとつなげたりするものであり，「確認」は評価規準に到達できているかどうかを個々のワークシートや提出物などから見取り判断するものである。
		知① 自分の生き方や社会との関わり方を支える読書の意義と効用について理解している。（○）	【ワークシートの記述の点検】 C：作品ごとのレーダーチャートを比較しながら，それぞれの作品にどのような特徴があるのか，本文を根拠に考えをもつように助言する。
		評価の観点と丸番号は，＜指導案－p.1＞の2「本単元で育成したい資質・能力（評価規準）」に対応して記載する。その際「知識・技能」の観点は，教科によってその特性に応じて，「知」と「技」に分けて表記する。評価規準の抽象度が高いと判断する場合，学習活動に沿ってより具体化した表現にする。特に国語科の場合は，「内容のまとまりの評価規準」がそのまま単元の評価規準となるため，「記録に残す評価」をする際に【Bと判断する状況の例】を示すこととする。なお本書籍の第2部「各教科の実践」では，丸番号は省略している。	
		思① 文章を批判的に読みながら，文章に表れているものの見方や考え方について考えている。（○◎） 【Bと判断する状況の例】 　各文章を読んで，レーダーチャートを用いて観点ごとに分析し，順序付けをしている。	【ワークシートの記述の確認・分析】 C：本文に線を引かせたり，文章を比較させたりしながら，本文から根拠を求めて観点ごとに考えをまとめるように促す。
		思② 文章を読んで考えを広げたり深めたりして，人間，社会，自然などについて自分の意見をもっている。（○）	【ワークシートの記述の確認】 C：レーダーチャートを基に，順序付けをした理由などに触れながら文章をまとめるように助言する。
2	4｜5	態① 学習課題に沿って文章を読み，考えたことを進んで伝え合い，自分の意見をもとうとしている。（○◎） 【Bと判断する状況の例】 　互いの考えが広がったり深まったりするやり取りを行い，それを踏まえて自分の考えをもとうとしている。	【交流時のコメントの確認・分析】 C：互いの考えが広がったり深まったりするコメントの例を提示したり，コメントを通してやり取りをしたりするように助言する。
			「記録に残す評価」は，「点検」「確認」を踏まえて，評価規準に照らして記述やパフォーマンスの質を吟味し「分析」を行うことが，主な評価方法である。
		思②【Bと判断する状況の例】 　文章を読んだり交流を通したりして，1年生が最初に出会う「物語文」を提案している。（◎）	【ワークシートの記述の分析】 C：本文を再読したりレーダーチャートを見返したりして，1年生が最初に出会う物語文を選ぶように助言する。
3	6	知①【Bと判断する状況の例】 　本単元の授業内容を想起しながら，読書の意義や効用について振り返っている。（◎）	【振り返りの記述の分析】 C：レーダーチャートを比較し，それぞれの解釈の違いを比べたり，コメント欄でのやり取りを読み返したりして振り返るように促す。
			効果的な学習評価が行えるように，指導に生かす評価（○）と記録に残す評価（◎）を区別して，整理している。

<指導案－p.2>

主たる学習活動	指導上の留意点	時
・学習プランと学びの手引きで，本単元の見通しをもつ。 ・本単元の学習課題を確認する。 【課題】 1年生が最初に出会うのにふさわしい「物語文」を提案しよう！ ・3社のA～Dの物語文を読み内容をつかむ。 ・レーダーチャートを用いて比較した観点について，それぞれの根拠となる内容を，本文を参考にまとめる。 ・学習課題について，自分の考えをまとめる。	・学習プランと学びの手引きを示しながら，学習の流れと身に付けたい資質・能力を確認し，これまでの学習を生かして取り組むように意識させる。 本単元（題材）の中心となる学習課題や単元を貫く問題意識を□で囲んで提示する。 ・見通しでは，観点を設定して作品を比較することを確認し，意識しながら作品を読むように促す。（共通の観点：親しみやすさ，心情と情景描写との関係，『アイスプラネット』『握手』とのつながり，学習するタイミングと内容の関係） ・観点ごとに比較しながら読む際は，本文に線を引いたり，書き込みをしたりしながら読むように促す。 ・レーダーチャートで比較する観点は四つとし，本文からそれぞれ根拠となる記述を抜き出し，一覧できるようにワークシートにまとめる。 ・レーダーチャートを参考にしながら，Wordソフトを用いて自分の考えをまとめさせる。	1 ｜ 3
・自分の考えを記述したWordファイルをTeamsにアップする。 ・アップされた文章を読んだり，レーダーチャートを比較したりしながら，気付きなどのコメントを投稿する。 ・自分に投稿されたコメントを読み，考えたことや思ったこと，気付きなどのコメントを返す。 ・他者の提案やレーダーチャート，他者とのコメントのやり取りを踏まえ，自分の考えをまとめ直す。	・道徳の授業や，前単元の「批評する」授業を想起して交流するように助言する。 ・考えが広がったり深まったりするようにコメントをするように促す。 ・考えが広がったり深まったりするコメントについて評価し，メンションしてコメントで返して，適宜授業の中でも触れながら進める。 ・質問や疑問，もらったコメントに対し気になったことなど，積極的にコメントを返すように促す。 ・加筆する場合は赤字で，訂正する場合は取り消し線で自分の考えをまとめ直すように促す。	4 ｜ 5
・本単元の振り返りをする。 　〇振り返りの視点の例 　　自分の生き方や社会との関わり方を支える読書の意義や，効用について，本単元やこれまでの学習を想起しながら振り返る。など	・自分の考えに新たな視点を与えてくれたコメントにスタンプを押させる。 ・授業の具体的な場面に触れながら，視点をもって学習の振り返りをさせる。	6

<指導案ー p.3>

6　学びの実現に向けた授業デザイン

【「学びに向かう力」が高まっている生徒の姿】
交流を通して考えを広げたり深めたりしながら，1年生が最初に出会う「物語文」を提案しようとしている姿

> 本単元（題材）を通じて「「学びに向かう力」の高まりがこんな姿で表出されると望ましい」と思える姿を書く。＜指導案－p.1＞の2における「主体的に学習に取り組む態度」に感性や思いやり等を加え，他の二つの観点との関わりを意識して設定する。ここで描かれる姿が本単元（題材）で実現を目指す姿（単元の目標）となる。

【「学びに向かう力」を高めていくための指導と評価の工夫】
○観点別学習状況のあり方

> 上記の「生徒の姿」の実現に向けた指導と評価の工夫を，観点別に1～3に分けて記載する。本書籍理論編で整理した指導と評価の工夫を基に，教科の特質や学習課題に応じて具体的に説明している。

1．「知識・技能」の指導と評価
　本単元では，「自分の生き方や社会との関わり方を……」生徒にとって読書は，どのような人生を送ろうかと考えたり，判断したりしていく参考になるだけでなく，自分の生き方や社会と自分との関わり方を支えていくものになっていくと言える。そこで本単元では，これまで読んできた物語文を振り返ったり，1年生がこれから出会う物語文とのつながりを考えさせたりする学習課題を設定した。その学習課題を解決しようとする中で，日々の読書生活を振り返ったり，TOFY の学習における文献調査を想起させたりしながら，自身の読書についての意義や効用について実感させていきたい。そして単元の終末では，読書の意義や効用について，観点を明確にしながら意図的な振り返りをさせたい。

2．「思考・判断・表現」の指導と評価
　本単元では，「読むこと」の学習活動の流れに沿って，いくつかの文章を読んで精査・解釈した上で，自分の考えをもつという学習課題を設定した。それぞれの生徒が精査・解釈したことを比較しやすいように，レーダーチャートを用いて分析をさせた。レーダーチャートの数値は本文を根拠とし，それぞれの作品における各自の分析を1枚のワークシートで一覧できるよう可視化させた。交流では観点ごとに自分の考えと比較させ，気付きや評価，相手の考えが広がったり深まったりするコメントをするように促す。また，よいコメントについて全体で共有したり，メンションしてコメントを返したりして，Teams 内での交流の質が高まるように意図的に活動に介入していく。さらに，生徒同士もメンションをしてコメントをさせるようにし，お互いの考えを広げたり深めたりするように促す。
　そして，考えの記述では，各文章を読んで精査・解釈したものの見方や考え方から，生徒を取り巻く環境や今まで送ってきた学校生活などについて思いを巡らせ，これから入学してくる1年生が最初に出会う「物語文」を提案させていきたい。それぞれの考えを広げ深める交流では，各自のレーダーチャートに色ペンで加筆させたり，自分の考えに新たな視点を与えてくれたコメントにスタンプを押したりさせる。そして，交流の前後で生徒の思考がどのように変容したのかが見取れるように，加筆は赤字で行い，修正や訂正は取り消し線を使って直すようにさせる。考えを修正・訂正する際は，どうして変えるのか，また，誰との交流が自分の考えに影響を与えたのかなど，変容に至った過程・経緯を意識するように促す。

3．「主体的に学習に取り組む態度」の指導と評価
　本単元では，身に付けてきた「読むこと」の力に加え，学習課題を解決していくための様々な言語活動の経験が，考えを広げ深めるのに役立つように意図的に設定した。例えば，Teams 内で交流する場面では，お互いのいろいろなレベルの気付き（感想・質問・意見・助言・提案など）を，コメント機能を用いて具体的に交流させたり，もらったコメントに対してメンションして返信したりして，Teams を双方向性のあるコミュニケーションツールとして活用させた。また，自分の考えを広げ深めることに役立ったコメントに対しスタンプを使って評価させた。さらに，Teams での交流の質を高めるために，授業者もメンションしてコメントを行い，またスタンプ機能を使うなどして，自分の考えをもとうとする生徒たちの交流に意図的に関わり，「学びに向かう力」の高まりを支えることを意識した。

○「考えるための技法」を用いた言語活動の充実
　文章を読んで精査・解釈したことをレーダーチャートにまとめ観点ごとに比較したり，学習課題に沿って作品を順序付けたりさせた。また，お互いの考えが広がって深まるように，作品を多面的・多角的に見ることを意識させて Teams での交流を行わせた。そして，自分の考えをもつ際には，学習課題とこれまでの学校生活を関連付けたり，3年間で出会う物語文に見通しをもたせて，1年生が最初に出会うのにふさわしい物語文を考えさせたりした。

> 上記の「生徒の姿」の実現のために必要な，教科等の特質に応じた言語活動を，「考えるための技法」との関わりを基に整理する。

【本単元での指導事項】　※（既習）は既習事項
・自分の生き方や社会との関わり方を支える読書の意義と効用について理解すること。（3年　知識及び技能　（3）オ）
・文章を読んで考えを広げたり深めたりして，人間，社会，自然などについて自分の意見をもつこと。（3年　読むこと　エ）

> 本単元（題材）の学習課題の解決に必要だと考えられる指導事項を，既習事項を含めて整理する。「学びを支える」という意味で授業デザインの最下段にまとめている。

【本単元における，総合的な学習の時間（TOFY）とのつながり】
・本単元で身に付けた力は，TOFY 研究の文献調査における考えの形成に役立つと考えられる。また，日頃から読書に親しむことが自分の考えを広げたり深めたりする上で大きな意義のある活動であると実感させ，TOFY 研究において幅広い文献調査へつながる単元になると考えられる。

> 本単元（題材）での学びが，総合的な学習の時間のどのような側面に生かされるのかを整理する。なお，それぞれの学びは往還によってより身に付いていくものと考え，矢印を双方向で示している。

【参考文献】
明治図書『実践国語教育』，2020 6／7月号，pp.42-45. 山梨県教育委員会指導主事　冨髙勇樹

＜指導案－p.4＞

資質・能力の高まりを支える
本校の特色ある教育活動

1 総合的な学習の時間（TOFY）との関わり

（1）「TOFY」における具体的な取組

　本校の総合的な学習の時間における探究活動 TOFY（Time Of Fuzoku Yokohama）は，生徒自らが抱く疑問を基にテーマを設定し，それを明らかにするために調査したり考察したり実験したり制作したりすることで，新たな提言を行う「受信→熟考→発信」のプロセスを意識した学習である。本校では，様々な試行錯誤を繰り返しながら，自分なりの最適解・納得解を導き出すこのTOFY 活動を，予測困難な社会に耐え得る資質・能力を育成していく上で，そして本校の学校教育目標や目指す人間像の実現を図っていく上で，重要な教育活動として位置付けており，毎週金曜日の午後を「TOFY 日課」として全学年が探究活動に取り組み，そこに全ての教師が様々な形で携わっている。

　TOFY 活動における「探究課題の解決を通して育成を目指す具体的な資質・能力」は，
　　・自ら見いだした課題について，見通しをもって多面的・多角的に考え調べる力
　　・得られた根拠を基にして，自らの考えを提言したり，思いを工夫して表現したりする力
　　・調べたり提言したりして表現することを通して，自己の生き方について考える力
として整理をしている。これらを生徒に育成していくために，生徒は自身の研究テーマに応じて「人文社会科学講座」「科学技術講座」「健康科学講座」「芸術講座」の四つの講座のいずれかに所属し，教師も教科の専門性を加味していずれかの講座に配置（例：「科学技術講座」…数学科，理科，技術科）され，個々の研究活動の支援を行っている。もちろん，生徒のテーマは多様であるがゆえに，必要な調査や実験はどのように実施すべきか，結果の分析は妥当か，発信の方法は適切かなど，その生徒に応じた指導をすることが必要になる。

　TOFY 活動の時間，各教室をのぞくと，教師と生徒が研究の方向性について語り合っている場面をよく目にする。教師は毎週のように生徒個々と面談を重ねる中で，時には生徒のつまずきに寄り添い，時には共に解決策を考え，時には新たな視点を投げかけ生徒の自問を促すなどして，生徒の現状の把握に努めている。また，生徒は毎週進捗状況を報告書として提出し（図1），教師はそこに記された生徒の気付きや葛藤，悩みなどを丁寧に読み取ってコメントを返したり，次時に直接アドバイスをしたりして，生徒の研究がより深まったものとなるように支援を重ねている。

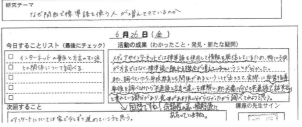

図1　活動報告書での生徒と教師のやり取り

生徒がこれからも「主体的な学習者」として励んでいけるように，教科の枠を越え，全ての教師が携わって資質・能力の育成を目指していく TOFY 活動は，まさに「学び」という営みの本質そのものが凝縮された活動と捉えることができ，これからの新しい時代に求められる学校教育のあり方の一つの「型」と言えるだろう。

以下，今年度の各講座における具体的な研究内容や様子を紹介する。

（2）各講座の取組
○人文社会科学講座
「児童が利用しやすい街区公園の姿とは」

生徒 A は，幼い妹と公園に遊びに行った際，遊んでいる児童が少ない状況を見て，児童が利用しやすく，より魅力的な公園であれば，もっとたくさんの児童が活発に遊ぶ状況が生まれるのではないかと考え研究を始めた。

研究は，文献調査とインタビュー調査を中心に進めた。まず文献調査から，ボール遊び禁止などの規制が増えたこと，近隣住民から騒音に関する苦情が多いこと，児童にとって魅力ある遊具が危険と判断され撤去されていることなどが，公園に関する問題として挙がった（図2）。また，公園の管理やデザインに携わる区役所や土木事務所などに複数回インタビューを行い，「遊具の安全に関する基準」の変更に気を配ったり，こまめに遊具

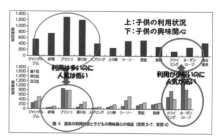

図2　利用状況と人気の差を示したグラフ

の点検をしたり，遊具に使う部品の素材を錆びにくいものにしたりするなど，公園の整備には多くのことに配慮を必要とすることが分かった。そして，人気の遊具ほど人が集まり苦情の対象になりやすくなることや，公園をデザインする際は公園の利用者と近隣住民にとって共に気持ちのよい公園づくりとなるように努めることが必要であることも明らかにした。そこで生徒 A は，今ある公園を再整備する形で，児童が楽しく遊べるための公園づくりを考えた。具体的には，まず規制が強い公園の改善策として，公園の利用者と近隣住民でお互いの意見を交換する場を設け，そこでの内容を基にルールを折衷してつくることを提案した。そして，公園を利用する年齢層や公園の広さによって，設置する遊具の種類や配置を変えることでよりよい公園となると結論付け，2種類の公園のデザインを研究成果として示した。

この研究は，様々な条件を「関連付け」て結論を導き出せているが，その結論の妥当性について児童に直接話を聞き，修正・改善を図る工程まで至っていない。社会情勢が落ち着いた際には，再び研究を進め，より多角的な視点で分析を行い，結論の信憑性を高めてくれることを期待する。

○科学技術講座
「より効果的な日焼け止めの活用方法とは」

生徒 B は，日に焼けると皮膚が赤くなり皮がむけ，皮がむけると日焼け止めが塗れなくなって悪循環に陥る自身の経験を発端に，また家族や友人が同様の悩みを抱えていることを知り，日

焼け止めの効果を最大限に上げる方法を明らかにするために研究を始めた。

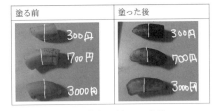

図3　値段の違いの実験

研究は，アンケート調査，文献調査，実験により進めた。アンケート調査では，男女差はあるものの肌の色についての悩みをもつ生徒が多いこと，日焼けによって皮膚がんのリスクが高まり，しみやしわの原因になるなど日焼けによいイメージをもっていないこと，値段や肌への優しさ，効果の持続時間などを参考にして日焼け止めを購入していることが分かった。そして，文献調査から明らかになった日焼けや日焼け止めに関する知見を基に，実験対象を三つ（ビーズ，UVレジン，バナナ）に

図4　重ね塗りの違いの実験

定め，一定時間太陽光やUVライトを当てて，五つの項目（値段，量，効果の持続時間，重ね塗り，塗り方）について，どのような違いが生じるか対照実験を行った（図3，図4）。実験の結果，どの対象においてもジェルタイプかパウダータイプの日焼け止めを10円玉大ほど出し肌に乗せるように塗り，3時間以内に重ね塗りをするとより効果が得られることが分かった。そして値段の差については，保湿効果の違いなどはあるが，日焼け止めの効果自体は大きな差がないことを明らかにした。

この研究では，アンケートと文献調査で得られたことの「比較」や「関連付け」を通して実験項目を決定し，実験から明らかになったことを「順序付け」て整理することができていた。また，予想と異なる実験結果が出た場合には原因を考察し，条件を変えながら繰り返し実験することで，信頼性の高い結論へとつなげることができていた。

〇健康科学講座
「幼児の健康を考えた手作り菓子とは何か」

生徒Cは，育児中の親が幼児のお菓子について，虫歯や肥満，砂糖の多量摂取などで悩んでいることを知り，少しでも育児の役に立てればという動機から研究を始めた。

文献調査から，お菓子は幼児の成長のための大切な補食であること，食品添加物の過剰摂取は幼児の体に悪影響を与える恐れがあるが，手作りによってその危険性を解消できることが分かった。また，地域の子育てサポート支援拠点に伺い，利用する保護者の方にお菓子についての悩みやお菓子を作る上での要望などについてアンケートを行った。生徒Cはその結果から，砂糖を使用しないこと，無添加であること，手間がかからないようにすることの3点が幼児の健康を考えたお菓子の条件であると仮説を立てた。その検証では，まず砂糖に代わる甘味料を探すため，複数の甘味料を用いたスティックボーロを食べ比べる実験を行った（図5）。その結果，てんさい糖を用いたものが一番甘く，また市販のものに比べて糖質やカロリーが低く，栄養価も豊富であることが確認できた。次に，前述の条件を満たしたレシピの考案を行った（図6）。育児中の保護者の方にも実際にレシピを参考にして作っていただき，「やさしい甘さで子供たちが食べやすい」や「家にある材料や余り物で作れる」などの感想を得ることができた。

この研究では，アンケートで得られた結果を「関連付ける」ことで研究の方向性を見いだした

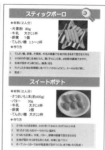

図5　実験の様子

図6　作成したレシピ

り，市販のお菓子と手作りのお菓子の栄養価を「比較する」ことで共通点や相違点を明らかにしたりすることができていた。また，「見通し」をもって実験を計画し，条件を変えながら繰り返し行うことで，より信憑性のある結果へとつなげることができていた。

〇芸術講座
「ストリーミングがもたらす音楽業界への影響とは」

　生徒Dは，様々なアーティストがストリーミングなどで音楽配信を行う中で，自分の好きなアーティストが現在もCDでしか楽曲をリリースしていないことを疑問に思い，ストリーミングが音楽業界に与えている影響を明らかにしようと，この研究を始めた。生徒Dは，CDの売り上げとサブスプリクションの利用額の推移の比較から，2012年を境にCDの売り上げが減少に転じ，一方サブスプリクションの利用額も2012年に初めて前年度を超え，現在もその傾向が続いていることを知った。そしてこの事実を皮切りに，他国のストリーミングによる売り上げの状況を調べたり，日本レコード協会やJASRACへのインタビュー，中学生・高校生・保護者の各世代でのSNS利用についてのアンケートなどを行ったりして研究を進めた。生徒Dはこれらの調査を基に，CDとストリーミングサービスでの1曲あたりの収入の違いから，一般的にはまだ日本ではストリーミングだけでは売り上げが上がらない状況にあることや，音楽業界そのものの売上額が減少していること，日本の「レンタルサービス」の文化や特有の「所有意識」から，50代以上のストリーミングの利用者が増えにくいことなどを結論として導き出した。そしてトップアーティストでも，SNSサイトの特徴に合わせた投稿がなされていないことに着目し，各SNSに合わせた効果的な投稿についての提案を行った。

　この研究では，国内と海外との状況の違いや各SNSの特徴を「比較する」ことや，複雑に絡み合う音楽業界の情報から必要なものを絞り「関連付け」て考え「構造化する」ことで，整理しながら論じることができていた。

図7　TOFY成果発表の様子

2　道徳教育における試み

（1）今年度の道徳教育における取組

①グランドデザインの作成

　道徳教育は学校の教育活動全体を通じて行うものであるという考えの下に，道徳科のあり方や各教科等との密接な関連及び補充，深化，統合をより強固なものとするために，道徳教育の全体計画を改めて整理してグランドデザインを作成した。具体的には，学校教育目標や学年目標の見直しを全体で図ったり，教科における道徳教育との関連を各教科で再検討したりしたことを結び付けて，本校としての道徳教育目標や重点目標の整理を行った。このグランドデザインを基に，道徳科では，以下の工夫を加えて道徳性を養うことを目指した。

②ICT の効果的な活用

　新型コロナウイルスの影響による分散登校の際，学校で長時間話し合うことが難しかったため，生徒の学びを止めないことを考え，ICT を活用した道徳科の学習を行った。「オンライン道徳」と銘打ち，どのように取り組むかについての説明を配信して共有を図り，学習を進めていった。はじめに，指定した教科書の題材を読み，題材ごとに提示した問いについて「最初の自分の考え」をポートフォリオに記入させた。次に Teams を活用し，「最初の自分の考え」をクラスごとのチャネルに期限を決めて投稿させた。その際，クラス全員だと交流が難しいため，出席番号で前後半のグループに分けて投稿できるようにした。そして，通常の班活動交流と同じようにするため，自分の出席番号の前 2 人，後 2 人の計 4 人分の投稿を読み，同意する部分や自分とは意見が異なる部分，自分では気付かなかった視点や感じたことなどについて，お互いの考えがより深まるようにコメントを書き込ませた。その後，自分に返信されたコメントを読み，ポートフォリオの「印象に残った友達の考え」を記入し，その考えを生かしながら「授業後の自分の考え」をまとめさせた。ポートフォリオは，学校に登校した際に提出して担任が目を通し，良い視点には線を引いたり，コメントを書いたりしてフィードバックを行った。全員が自分の考えに対して複数の友達から意見をもらい自分の考えを整理することができたことは，とても有意義であった。

　一斉登校を開始してからも，題材に応じてオンラインを活用した学習を取り入れている。例えば扱う題材をあらかじめ指定して，その内容を読んで「最初の自分の考え」を Teams に投稿するところまでを宿題とする。それにより，自分の考えをもった上で学習に参加することができたり，学校で仲間と話し合って考えを深める時間を多くとることができたりするなど，多くの利点を得ることができる。

③学年チームでの組織的な取組

　題材ごとに学年の職員で指導案を提案する担当を決めている。提案された指導案を基に，学年の職員全員で『新解説』の内容項目の指導の要点などを参考にしながら，生徒が道徳的諸価値について教材や他者との対話などを手掛かりとして，自己との関わりを問い直せるような授業の構想を練っている。こうすることで，より様々な視点から授業の構成や問いについて考えることができる。

（2）「特別の教科 道徳」の評価のあり方

①生徒の思考を表出させるための工夫

　授業には担任と学年の職員が入って指導している。自分の考えを文章で記述するのが苦手な生徒へは，自分の考えを表すフレーズだけでも挙げさせたり，グループで共有している場面の発言を聞いたりするようにしている。机間指導の際にも声をかけて考えを聞くようにしているが，指導案に手立てを入れることで，全職員が共通認識をもって指導に当たることができている。しかし，生徒が自分の変容を自覚するには目に見える形で思考を

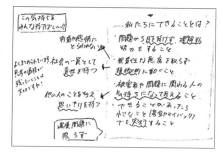

図1　ポートフォリオの記述

表出させていくことが必要である。そのため，思考の手掛かりとして思考ツールを用いたり，心情曲線や心情円などを使用したりする場面を意図的に設けて，思考が可視化される工夫を施すよう心がけている。また，生徒は各教科の学びの中で様々な思考を整理する方法を経験してきているので，ポートフォリオは自由に記述できるスペースがあるものを使用し，生徒自身が思考しやすい手段（思考ツールや箇条書き，図や絵など）を選んで整理できるようにしている（**図1**）。

　授業後には，これからも自信をもって発言ができるように，授業時の取組の様子や記述をほめて背中を押すようにしている。

②評価の工夫

　生徒の変容を多面的・多角的に捉えるためには，複数の目で見取ることが重要であり，そのためには関わる全ての教師が評価に対する共通認識をもつことが不可欠である。本校ではその実現に向け，指導案の検討段階においては生徒から表出される記述や発言を想像して展開を練ったり，授業後は学年を跨いで生徒の成長を認め励ます言葉を持ち寄り，適切なフィードバックの形について話し合ったりするようにしている。そして総括的な評価をする際は，担任が生徒の日々の活動の様子とポートフォリオの記述を，副担任が振り返りの記述をそれぞれ分析し，互いの分析内容を持ち寄って擦り合わせを行い，所見として生徒へ還元している。見取る上での視点を明らかにし，一人の生徒を複数の教員の目で評価することは，その生徒の学習状況や成長の様子を捉えやすくなるだけでなく，多くの教師が同時に関わることによる学校全体の道徳教育への推進へとつながっている。

（3）成果と課題

　今年度は新型コロナウイルスの影響で当初の計画通りに進まないところもあったが，グランドデザインを用いて学校全体の共通理解を図ることができたり，ICTの新たな活用方法を見いだしたりすることができた。また，道徳科の授業について学年チームで検討を重ねることで，生徒にとってよりよい学びとなるように様々な視点から考えることができ，それが授業の質の向上につながっていると感じている。評価についても，学校としてどのように取り組んでいくのかを考え，生徒の成長のために工夫することができた。今後も，よりよく生きるための基盤となる道徳性を養えるように，発問の工夫や生徒の議論が活発になるような手立てを追究していきたい。

第2部

各教科の 実践

国語科
社会科
数学科
理　科
音楽科
美術科
保健体育科
技術・家庭科(技術分野)
技術・家庭科(家庭分野)
英語科
学校保健

国語科

『新学習指導要領』の示す目標を基に，「評価の観点及びその趣旨」は，『改善等通知（別紙4）』において，下記の通りに示されている。

知識・技能	思考・判断・表現	主体的に学習に取り組む態度
社会生活に必要な国語について，その特質を理解し適切に使っている。	「話すこと・聞くこと」，「書くこと」，「読むこと」の各領域において，社会生活における人との関わりの中で伝え合う力を高め，自分の思いや考えを広げたり深めたりしている。	言葉を通じて積極的に人と関わったり，思いや考えを深めたりしながら，言葉がもつ価値を認識しようとしているとともに，言語感覚を豊かにし，言葉を適切に使おうとしている。

本校国語科では，資質・能力の高まりを支える学習指導と評価を一体化させるために，各観点について以下のように考え，実践を行った。

1　本校国語科が考える観点別学習状況の評価のあり方

（1）「知識・技能」の指導と評価

国語科における「知識及び技能」は，国語で正確に理解し適切に表現するために必要な知識及び技能として，語彙など言葉の特徴や使い方，論理的な思考力の育成につながる情報の扱い方，伝統的に継承されてきた我が国の言語文化が位置付けられている。これは事実的な知識や一定の手順などにおける技能のことのみを指しているのではない。したがって，知識及び技能は暗記やドリル学習などで身に付けさせたりするものではなく，国語で理解したり表現したりする様々な学習場面において，生きて働くものとして身に付けさせなければならない。具体的には，「話すこと・聞くこと」「書くこと」「読むこと」の学習の中で，思考・判断・表現することを通して育成することが求められる。

本校国語科では，生きて働く資質・能力を育成するために，学習課題の設定を工夫してきた。そして，学習課題の解決に向けた過程の中で，知識及び技能が身に付いているかを点検・確認したり，思考・判断・表現する中で知識及び技能の力が発揮されているかを分析したりなど，指導と評価が一体化するように取り組んできた。具体的な指導と評価の一体化に向けての工夫は，次ページ以降の各学年における実践を参照されたい。また，記録に残す評価の具体的な方法においては，ノートやワークシートなどの記述，定期テストなどに加えて，言語活動をしている場面なども考えられるため，その特性に応じた成果を見取る最適な方法を今後も模索していきたい。

（2）「思考・判断・表現」の指導と評価

「思考力，判断力，表現力等」は，「話すこと・聞くこと」「書くこと」「読むこと」の3領域か

ら構成されており，言語活動を通して育成することが引き続き求められている。

　このことから本校国語科では，単元の学習過程の中で思考力，判断力，表現力等が育まれるよう，育成したい資質・能力に適した学習課題と言語活動を設定するように心がけ，「主体的・対話的で深い学び」の実現の中で指導と評価が一体化するよう授業を構想している。例えば１年生では，文章を精査・解釈する力を育成するために，パンフレットの工夫について考え，他者に説明する学習課題を設定した。２年生では，情報の取捨選択や表現の効果を考えて書く力を育成するために，人物コラムを書く課題を設定した。３年生では，文章の構成を工夫して分かりやすく書く力を育成するために，パンフレットを作る学習課題を設定した。また，具体的な評価の場面としては，単元における学習課題や定期テスト，発表や話合い，記述やレポート，俳句や短歌などの創作による表現など，多様な活動が考えられる。それらを知識及び技能と関連させながら取り組むよう指導するとともに，評価も活動に合わせ工夫を施していく必要がある。

（3）「主体的に学習に取り組む態度」の指導と評価

　『参考資料』の中で，「『主体的に学習に取り組む態度』の評価に際しては，単に継続的な行動や積極的な発言を行うなど，性格や行動面の傾向を評価するということではなく，各教科等の『主体的に学習に取り組む態度』に係る観点の趣旨に照らして，知識及び技能を習得したり，思考力，判断力，表現力等を身に付けたりするために，自らの学習状況を把握し，学習の進め方について試行錯誤するなど自らの学習を調整しながら，学ぼうとしているかどうかという意思的な側面を評価することが重要である。」とある。

　本校国語科では，自らの学習を調整しながら学ぼうとしているかという意思的な側面を評価する方法として，全学年で学習プランを用いて単元の学習を進めている。学習プランとは，単元で育成を目指す資質・能力が，どのような学習の過程を通して育まれ，どの場面で学習を評価しているのかを教師が生徒と共有するための手立ての一つである。その学習プランを用い，単元の見通しをもたせたり，単元の中のどの場面で試行錯誤し，粘り強い取組を行ったかを振り返らせたりすることで，育成したい資質・能力に対してより自覚的に学習に取り組むことができるようになると考える。なお，学習プランを用いて生徒が学習の見通しをもったり，学習活動中に振り返ったりすることで，単元間の学習内容のつながりや，各学年の目標のつながりに気付きやすくなり，中学校における３年間の学びの履歴として総括する際にも，自らの学びの意義を自覚することに役立てることが期待できる。

2　3観点評価の全面実施に向けて

　令和３年度より，中学校でも３観点評価が全面実施される。国語科においては，３観点に整理されたことによって，生徒自身が「話すこと・聞くこと」「書くこと」「読むこと」の，どの領域の資質・能力を育成しようとしているのかを把握することや，自らの強みや課題を自覚しながら主体的に学習を進めることが困難になることも予想される。だからこそ，自覚的な学びを促す学習プランの活用がより重要になってくると考える。今後も本校では，学習プランを活用した実践を積み上げ，生徒自身が自分の言葉で学習の過程を振り返り，ポートフォリオのように記録を蓄積することによって，３年間の資質・能力の高まりを実感する取組を継続していく。

国語科実践例①

1 単元を通じて実現を目指す「学びに向かう力」が高まっている生徒の姿

パンフレットを何度も読み返しながら, 他者との交流を通してパンフレットに見られる工夫を粘り強く考え, 伝えようとしている姿。

2 単元について

本単元では3年生が作成した「図書館たほいや」というゲームのパンフレットを題材として, 文章の構成や展開, 表現についてどのような工夫がなされ, どのような効果があるかを, 根拠を明確にして考えて他者に伝える学習課題を設定した。

「図書館たほいや」とは, 図書館内にある様々な辞書・事典を使って行う語彙力の向上や言語感覚を磨いていくことにつながる知的ゲームであり, そのパンフレットには, はじめてそのゲームを知る人にゲームの方法や魅力を伝えるための工夫が見られる。作成者の目的や意図を考え, パンフレットに表れる工夫とその効果について考えさせたい。そして, 生徒自身が考えた「分かりやすい説明のポイント」を基に選んだパンフレットを何度も読んだり, 他者と交流して工夫とその効果を探そうとしたりするなど, 試行錯誤しながら粘り強く考え, 根拠を明確にして自分の考えを他者に説明する姿の実現へとつなげたい。

3 「学びに向かう力」を高めていくための観点別学習状況のあり方

(1)「知識・技能」の指導と評価

本単元は, 情報の整理の仕方について理解を深め, それらを使うなど, 情報を整理するために必要な知識や技能が身に付けられるように構成する。そのために, パンフレットの工夫やその効果を考える前に, 分かりにくいマニュアル・説明書の「分かりにくさ」を検討し, 「分かりやすい説明のポイント」を生徒自身が考える学習活動を行う。これにより, 生徒一人一人の資質・能力の現状を把握することができ, また, 生徒から出されたポイントをプリントにまとめて共有することで, 身に付ける資質・能力の更なる伸長を図ることが期待できる。そして, そのポイントがどのように自分の選んだパンフレットに表れているかを考えさせることで, 情報を整理する力の一層の定着へとつなげたい。

(2)「思考・判断・表現」の指導と評価

パンフレットの文章や図などに示されている情報を整理し, それに基づきながら自分の選んだパンフレットの工夫やその効果について, 根拠を明確にしながら他者に伝える活動を行う。評価する際には, 「情報の整理」から「精査・解釈」にいたる一連の流れをワークシートの記述を中心に見取っていく。

(3)「主体的に学習に取り組む態度」の指導と評価

本単元では, 「主体的に学習に取り組む態度」を指導・評価するために, ポイントを整理して自分の考えをもち, 他者との交流を通して自分の考えをまとめる活動を取り入れた。そうすることで, 何度もパンフレットを読み返したり, 他者と自分の考えを相対化させたりして, 自分の考えを調整する機会を多く設定することができる。評価する際は, 実際に生徒が学習に取り組む姿を見取るとともに, 「文章の構成や展開, 表現の効果について, 根拠を明確にして考えるために工夫したこと」という視点で振り返りを記述させ, 単元の総括として記録する。

4　授業の実際

　1時で3年生と一緒にゲームを体験した後，2時では，『日本語を書くトレーニング』に掲載されている「中華料理店の接客マニュアル」「エアコンの取扱説明書の目次」を例として，そのマニュアルや説明書の問題点を指摘し合い，「分かりやすい説明のポイント」を生徒たち自身で整理させる活動を行った。そこで挙がったポイントは『新解説』「C読むこと」「精査・解釈」(エ)の内容と一致するものが多く，さらにその内容を自分の言葉で表している記述が見られた。そして，生徒から出されたポイントをまとめたプリントを配付し，全体で共有した（図1）。

図1　ポイントをまとめたプリントの一部

【構成】
・順番がわかるように，番号を書く（実際の順番と同じ順番で書く）。…時系列
・項目のタイトルに注意する。
・内容や項目をまとめる。↑大きなくくりの中に小さな区分を作るなど
・重要なことを最初に書く。
・トラブルなどがあったときの対応を書く。
・要点をまとめて書き，そこから必要な情報を加えて，複雑すぎないように書く。
・様々な面から考え，必要な情報を書く。
・無駄にあげすぎない。具体的な情報や，構成を考える。
・具体例をわかりやすく説明する。
・見出しや目次をつける。
・読み手の立場に立って考えて書く。
・目的を明確にして書く。
・実際の場面を設定した説明を入れる。…困りそうな具体的な場面と対処法

みんなが挙げたわかりやすい説明のポイント

　3時では，上述のプリントと自分が考えたポイントを基に，パンフレットに表れている工夫とその効果を表にまとめさせた。
　4，5時では，同じパンフレットを選んだ者と交流しながら，根拠を明確にして自分の考えをまとめ，違うパンフレットを選んだ者に説明する活動を行った（図2）。その際，伝えるべき事柄を決めさせ，根拠となる部分を示した説明ができるように，自分の考えをまとめさせた。この場面では，生徒たちは自分たちが考えたポイントを活用しながら自信をもって説明することができていた。最後に

自分の考えを文章にまとめさせ，単元の振り返りを行った。振り返りの記述からは，具体例の挙げ方に着目して自分の考えをまとめようとするなど，得た知識を活用して，思考・判断・表現しようとする様子が多く読み取れた。そして，単元後の授業で「学びに向かう力」が高まった姿が表れている振り返りの記述を共有し，その記述と個々の学びを照らし合わせて再度学習の振り返りを行った。

図2　パンフレットを用いた交流の様子

　本単元の実践から，生徒が実践的に得た知識を活用しながら思考・判断・表現する学習課題を設定することは，「学びに向かう力」を高めることに大きく寄与すると考える。また，学んだことを生かし，学びを深められるように生徒の学習過程を適切に評価することも重要である。今回は分かりにくいマニュアル・説明書の「分かりにくさ」の検討から，「分かりやすい説明のポイント」を考えさせ，それを基にパンフレットの情報を整理していく過程を形成的に評価した。そして，整理した情報を活用してパンフレットの工夫やその効果について自分の考えをもつことにつなげた。今後も生徒の「学びに向かう力」を高められる学習課題と具体的な評価方法を，継続的に探っていきたい。

●参考文献
野田尚史　森口稔（2014）『日本語を書くトレーニング』，ひつじ書房
高倉暁大（2019）「『図書館たほいや』を使った読書推進のススメ」，『図書館評論』，図書館問題研究会　pp.3-13
　　　　　　　　　　　　　　　（柳屋　亮）

次	時	評価規準	【　】内は評価方法 及び Cと判断する状況への手立て
1	1		
2	2 ― 5	知　比較や分類，関係付けなどの情報の整理の仕方について理解を深め，それらを使っている。（○◎） 【Bと判断する状況の例】 知　分かりやすい説明のポイントを整理し，パンフレットからそのポイントが表れている情報を探している。	【ワークシートの記述の確認・分析】 C：自分の経験から，分かりやすかった説明や分かりにくかった説明を振り返らせ，分かりやすい説明のポイントを整理するように促す。整理できた後に，パンフレットにそのポイントが表れているところがないか，探すように促す。
		思　「読むこと」において，文章の構成や展開，表現の効果について，根拠を明確にして考えている。（○）	【ワークシートの記述の確認】 C：分かりやすい説明のポイントを基に，パンフレットに表れている工夫について考えるように促す。
		態　積極的に先輩が作ったパンフレットの工夫を見つけ，学習課題に沿って他の人に伝えようとしている。（○）	【ワークシートの記述の確認】 C：グループでの交流を通し，パンフレットの工夫についてどのような工夫が見られるか考えさせるとともに，他のパンフレットを選んだ人に伝えるにはどうすればよいかを考えるように促す。
		【Bと判断する状況の例】 思　交流を通して，自分が選んだパンフレットの工夫について，根拠を明確にして考えている。（◎）	【ワークシートの記述の分析】 C：他のパンフレットの説明を聞き，自分の考えと比較しながら，構成や展開，表現の効果などについて分かりやすい点や工夫されている点はないか，具体的なところを示しながら考えるように促す。
		【Bと判断する状況の例】 態　交流を通して，パンフレットの工夫について根拠を明確にして自分の考えをもち，他の人に伝えようとしている。（◎）	【行動・振り返りの記述の分析】 C：他者の意見を参考にしながら，自分でも工夫していると感じられる点はないか，根拠とともに考えるように促す。

主たる学習活動	指導上の留意点	時
・3年生から「図書館たほいや」の説明を聞き，ゲームの概要をつかむ。 ・4〜5人グループに分かれて3年生と一緒にゲームに取り組む。	・教師は説明せず，3年生の説明とパンフレットから概要をつかませる。 ・3年生のリードのもとゲームに取り組む。	1
・学習プランと学びの手引きで本単元の見通しをもつ。 【課題】 先輩が作ったパンフレットの工夫を見つけて他の人に伝えよう！ ・「中華料理店の接客マニュアル」と「エアコンの説明書」の例を書き直すことを通して，分かりやすい説明について考え，ポイントをまとめる。 ・5人班をつくり，パンフレットを一人一つ選び，そのパンフレットの構成や展開，表現の仕方について見つけた工夫をワークシートに書く。 ・同じパンフレットを選んだ者同士で，工夫していると考えられる点を交流する。 ・交流後，他の人に説明できるように工夫と効果をワークシートにまとめる。 ・班に戻り，それぞれのパンフレットの工夫を班員に説明する。 ・説明を聞きながら，他のパンフレットの工夫点について気付いたことをワークシートに記入する。 ・交流後，自分が選んだパンフレットの工夫とその効果について，改めてワークシートにまとめる。 ・本単元の振り返りを行う。 ○振り返りの視点 　「文章の構成や展開，表現の効果について，根拠を明確にして考えるために工夫したこと」	・学習プランと学びの手引きを示し，学習の流れと身に付けたい資質・能力を確認し，これまでの学習を生かして取り組むように意識させる。 ・読み手に必要な情報を考えて書き直させ，分かりやすい説明のポイントをまとめるよう促す。 ・「分かりやすい説明のポイント」「具体的に表れているところ」「その効果」を表にまとめて，工夫について考えさせる。 ・意見や質問を活発に行い，自分の考えも相手の考えも深められる交流にするように促す。他の人の意見で参考になったものは色ペンで書き加えさせる。 ・他のパンフレットを選んだ人に説明するためにまとめることを意識するように促す。 ・他のパンフレットとの共通点や相違点を意識して聞き，交流をするように促す。 ・他のパンフレットの工夫された点と比較しながら，文章に書かれていることを根拠に，自分が選んだパンフレットの工夫とその効果について考えをまとめるように指示する。 ・本単元で育成したい資質・能力を意識させて，振り返りを行わせる。	2 ― 5

国語科実践例②

1　単元を通じて実現を目指す「学びに向かう力」が高まっている生徒の姿

　「人物コラム」によって, その人物の人柄を伝えるという目的をもって粘り強く情報を整理し, 取材対象の人柄が読み手に伝わるように, 表現を工夫しながら書く姿。

2　単元について

　身の回りに膨大な情報が溢れる今日, 内容を検討した上で情報を整理し, 目的や意図を明確にして再構成する力は必要不可欠である。本校の特色的教育活動の一つであるTOFYにおいても, その力は大きく影響する。そのため, TOFYの探究活動が本格的に始まる２年生において, その力を育成することは効果的と判断し, 本単元を構想した。指導事項は以下の通りである。
【思考・判断・表現】書くことア, ウ
【知識・技能】（２）ア
　学習課題として取り上げた「人物コラム」は, 今まで生徒が触れてきた文章の書きぶりや構成とは大きく異なる。しかし, 取材対象を教師や先輩という身近な存在とし, その人柄を読者に伝えるという課題にすることで, 生徒自身がやってみたいと思えるように工夫した。また, コラムという限られた字数の中でその人物の魅力を伝えるためには, 集めた情報をいかに整理し焦点を見定めるべきか, いかに表現を工夫すべきかなどを, 第三者による視点も踏まえて, 試行錯誤できるような単元構成にした。

3　「学びに向かう力」を高めていくための観点別学習状況のあり方

（1）「知識・技能」の指導と評価

　指導の際には, 事前質問用紙やインタビューから得られた情報を整理する段階では, 付箋にキーワードのみを書いて, 情報を可視化させた上で整理するように促す。また, 多くの情報を整理していく中で, その人の人柄や魅力が最もよく伝わる情報を取り入れ, 構成するように留意してワークシートに整理させることで, 情報を整理する力の定着を図る。評価の際には, 情報と情報との関係を線や矢印, 記号などを使って図式化して整理しているか, 複雑な情報を把握したり自分の考えを明確にしたりしているかなどを, ワークシートの記述を基に見取っていく。

（2）「思考・判断・表現」の指導と評価

　書き手の中に目的や意図がなければ, インタビューの質問も, それを受けて書かれる記事も表面的なものになる。そこで, 質問を考案・検討する中で適宜交流の場を設け, 目的や意図, すなわち自分が記事を通して何を伝えたいのかを意識できるように, 互いに質問させる。考えを形成したり記述したりする際には, 紹介されるエピソードや引用する言葉が, 伝えたい人柄をサポートするものであるか, その人の魅力を読者に印象付ける上で語句や表現がいかに機能しているかなどを考えさせながら, より効果的な語句や表現を吟味するように促す。評価の際には, 生徒同士の交流及び大学生との交流を通して, どのように考えが変容したのかを記録させて, 思考の変容や記事の表現の意図などを見取っていく。

（3）「主体的に学習に取り組む態度」の指導と評価

　情報を整理した段階と, 下書きを書き終えた段階でも交流場面を設ける。その際に, 紹介する人物の人柄や魅力は何かということを明確にして相手に伝え, それが伝わるかどうかを検討させる。また, 下書きの記事を読み

合う際には，記事をデータで共有し，校閲機能を活用してアドバイスをし合いながら，記事からどのような人物像を思い描いたのかを伝え合わせる。さらに，大学生にも同様の方法で，第三者の視点からコメントをもらう。評価としては，各局面で変容や意図をコメントで書き残させることで，思考の過程やその変容を生徒自身が振り返るとともに，教師が見取ることができるように工夫した。

4　授業の実際

　第1時では，新聞に掲載された3種類の「人物コラム」を読み，内容要素，文章の書きぶりや構成の特徴をつかみ，学習課題を確認して今後の見通しをもたせた。第2時には，事前質問用紙を基にインタビューの質問内容や順番などを各自で検討させ，その後に交流を行った。質問の意図を他者に説明することで，最初は満遍なく質問を考えていた生徒も，少しずつ内容を絞ることができるようになった。他者と交流することで，目的や意図を再確認し，書くための情報収集であるということが一人一人に意識付けられたようである。

　第3時のインタビュー後の情報整理では，自分が想定していた情報量よりも，多くの情報を得ることができた分，それらの関係付けについて試行錯誤する姿が見られた。しかしながら，頭の中で情報を取捨選択して構想メモにすぐに取り掛かる生徒もいた。書き出すことではじめてつながりに気付くこともあるため，再度情報を可視化させたり，互いに見合ったりさせて，整理の仕方を再検討させた。

　第4時には，構想メモを基に下書きをさせ，互いに伝え合う時間を取ったが，インタビューで得た情報をそのまま書いただけで，書き手がどのような人物像を伝えたいのかが曖昧になっている生徒が多かった。第1時に比較した各新聞社の書きぶりや構成を再確認させ，記事から伝わる人物像を共有することで，エピソード同士のつながりや，記事全体

を通して伝えたいことを再確認したり，読み手を惹き付けるために，表現の工夫をしたりする姿が見られた。

　第5時には，取材対象を全く知らない大学生からのフィードバックコメントを読ませた。自分の中では情報同士のつながりをもたせていたつもりでも，読み手にとってはつながりが見いだしにくく，誤解される危険すらあることを体感した生徒が多かった。大学生のコメントを基に，読み手に取材対象の人柄や魅力が伝わるようにするためにはどうしたらよいかを全体共有した際には，「もっと話の軸となる部分を厳選する必要がある」「文章の中での一貫性だけでなく，見出しと記事とのつながりも大切だ」という意見が挙がった。生徒同士での検討では，取材対象の前提情報を補って記事を読んでいたことに気が付き，再度記事の意図を明確にした上で情報を整理するとともに，相手に伝わるような描写や表現の工夫を考えようと，取材メモや構想メモ，新聞の人物コラムを何度も読み返しながら検討する姿が見られた（図1）。

図1　記事を比較・検討し，推敲する姿

　身近な他者を一人称視点で記述する学習課題は，難しいながらも必要感や有用感のあるものであったようだ。これからも，一人一人の資質・能力を育み，学びに向かう力を高めることができるように，魅力ある学習課題の設定と，適切な評価方法やタイミングを模索し続けたい。

（橋本　香菜）

[資料]　資質・能力育成のプロセス（6時間扱い）

次	時	評価規準	【　】内は評価方法 及び Cと判断する状況への手立て
1	1 ― 2	思　目的や意図に応じて，多様な方法で集めた材料を整理し，伝えたいことを明確にしている。（○◎） 【Bと判断する状況の例】 思　もっている情報を基に質問を考え，相手の反応を想定した上で，現時点で記事を通してどのようなことを伝えたいのか書いている。	【ワークシートの記述の確認・分析】 C：取材対象の事前質問用紙を基に，何にポイントを置いて記事を書くのかをイメージし，書くためにどのような情報が必要か考えるように促す。
2	3 ― 5	知　情報と情報との関係の様々な表し方を理解し使っている。（○◎） 【Bと判断する状況の例】 知　インタビューで得た情報を付箋に書き出し，それぞれの関係を線や矢印，記号を用いるなどして図式化し，整理している。 思　根拠の適切さを考えて説明や具体例を加えたり，表現の効果を考えて描写したりするなど，自分の考えが伝わる文章になるように工夫している。（○◎） 【Bと判断する状況の例】 思　自分の考えが伝わるように，引用する言葉やエピソードを比較したり，読み手に与える印象や効果を考えて言葉や表現を検討したりしている。 【Bと判断する状況の例】 態　取材メモや構想メモを往還しながら，仲間のアドバイスや自分の考えを書き込み，記事を書き上げようとしている。（◎）	【ワークシートの記述の確認・分析】 C：得た情報を全てキーワードで付箋に書くように促し，つながりのありそうな情報をグループ分けするように助言する。また，交流の場面で，近くの人がどのように情報整理しているのかを確認させる。 【人物コラム記事の記述の確認・分析】 C：情報の順序を変えて比較するように促す。 【ワークシートの記述の分析】 C：アドバイスを全て鵜呑みにするのではなく，自分の意図や考えも伝えた上で交流し合い，自分の文章に生かすように助言する。
3	6		

主たる学習活動	指導上の留意点	時
・学習プランと学びの手引きで本単元の見通しをもつ。 ・3種類の人物紹介の文章を読み，内容要素，文章の書きぶりや構成の特徴をつかむ。 ・本単元の学習課題を確認する。 【課題】 Fy新聞のコラム欄「附属横浜中学校に『この人』あり！」の記事を書こう。 ・各自で質問を考える。 ・質問内容の検討を行い，順序付けをする。 ・取材対象が異なる4人で互いに質問をし合って内容を検討する。 ・授業時間外の昼休みや放課後にインタビューを行う。	・学習プランと学びの手引きを示しながら，学習の流れと身に付けたい資質・能力を確認する。 ・コラムを分析する際には，三つの共通点や相違点の比較だけでなく，今まで学習してきた文学的文章や説明的文章などとの比較もさせる。 ・ポイントを押さえるだけでなく，構成や書きぶりの効果を考えさせる。 ・既習の学習内容を想起させ，話が広がるような質問になっているかどうか，互いに質問し合うなどして確認させる。 ・コラム記事の目的や読む相手を意識させた上で，事前質問用紙を基に質問を考えさせる。 ・限られた時間で目的や意図が達成できるようにするために，前時までの学習を意識させた上で質問を検討させる。 ※インタビュー時はメモを取ったり，TPCを用いて録音したりする。また，記事に掲載するための写真も許可を取って必ず撮る。	1 ｜ 2
・インタビューで得た情報を全て付箋に書き出し，分類するなどして整理し，どのようなことを伝えたいかを明確にする。 ・目的や意図が分かりやすく伝わるように，引用したい言葉を選んだり，エピソードをまとめたりして，構想メモを作成する。 ・構想メモを基に下書きをTPCで行う。 ・互いに書いた記事を読み合い，目的や意図が伝わるかどうか確認する。 ・4人班で校閲機能を活用してアドバイスし合う。 【アドバイスの視点】 ・記事からどのような人物像が想像されたか。 ・見出しと本文のつながりはあるか。 ・本文同士のつながりや一貫性はあるか。 ・大学生からのアドバイスや指摘を基に，原稿を書き上げる。 ※横浜国立大学教育学部の大学生に協力を得て，生徒一人一人に記事へのフィードバックをしてもらった。 （記事からどのような人物像が伝わったか，アドバイスなど）	・取材メモや録音音声を基に，キーワードや箇条書きで情報を付箋に書かせ，分類や比較がしやすいようにさせる。 ・構想メモには，記事の目的や意図，表現の効果を追記させる。 ・選ぶ情報や順序によって印象がどう変わるのかを比較させる。 ・定型書式に入力させる。 ・取材した相手の意図や考えが正しく伝わるかどうか確認させる。 ・思考の変容の確認や再検討する際に使用できるように，質問や意見，アドバイス，それに対する自分の考えを，校閲機能を活用して書き残すように促す。 ・取材対象を全く知らない読者がどのように人物像を捉えたのかを知り，自分が伝えたかったその人の魅力や人柄が伝わっているかを確認させる。大学生からのコメントを参考にし，書き手が判断して必要に応じて修正するよう指導する。	3 ｜ 5
・冊子になったコラムを読み，単元の振り返りを行う。 ○振り返りの視点の例 ・これから文章を書く上で，本単元の学習をどのように生かしていきたいか。 ・多様な文章形態を学ぶ価値はあるか。	※クラス全員分のコラムを冊子にして配付する。 ・授業の具体的な場面を想起しながら，振り返りの視点に沿って学習を振り返る。	6

国語科実践例③

1 単元を通じて実現を目指す「学びに向かう力」が高まっている生徒の姿

　ゲームのルールと魅力をよりよく伝えられるパンフレットを作るために，互いの考えを生かしながら，構成や情報について粘り強く検討する姿。

2 単元について

　本単元では，育成を目指す資質・能力を「文章の種類を選択し，多様な読み手を説得できるように論理の展開を考えて，文章の構成を工夫する」（書くこと（1）イ）とした。また，学習の課題として，「辞書を用いたゲーム『図書館たほいや』のパンフレットを作ろう！」を設定した。多様な読み手を想定して課題を解決する過程で，求められる情報や伝えたいことを吟味しながら，パンフレットの構成を工夫し作成していく中で資質・能力の育成を目指した。そして，他者のパンフレットとの比較を通して，多様な読み手に伝わる構成や展開を粘り強く考え，試行錯誤しながらパンフレットの作成に臨ませた。

3 「学びに向かう力」を高めていくための観点別学習状況のあり方

（1）「知識・技能」の指導と評価

　本単元では，「具体と抽象など情報と情報との関係について理解を深めること」を目標にしている。「情報と情報との関係」について理解を促すには，具体と抽象といった情報同士の関係性について，パンフレットの構成を構想する段階で意識させる必要がある。例えば，パンフレットを通してゲームを楽しめる要素をどのように伝えるべきかを考える場面では，読み手がパンフレットの内容に見通しをもてるように，抽象的な言葉で見出しを並べさせたり，具体的な場面を想像させる情報を書かせたりすることで，「情報」についての知識や技能を身に付けられるようにした。

（2）「思考・判断・表現」の指導と評価

　本単元では，「書くこと」の学習の流れに沿って，「情報の収集・内容の検討」「構成の検討」と，シンプルに単元を構想した。多様な読み手の存在を具体的に想定した文章の構成を考えさせるために，まずは実際にゲームをすることを通してルールを理解させ，次に既存のパンフレットにおける情報の過不足を考えてから，どのような目的でパンフレットを作成していくかを構想するように促した。また，これまでの学習を想起させながら，付箋や思考ツールを用いて情報を整理し，パンフレットの目的や読者を想定して情報を順序付けながら構成を考えさせた。

（3）「主体的に学習に取り組む態度」の指導と評価

　これまでの学習を生かして課題解決ができるように，学習を想起させる場面を意図的に設定した。例えば，学習の経験を生かして身に付けた資質・能力が発揮されるように，学習プランなどを用いて見通しを共有した。そして，交流ではそれぞれの目的がより達成されるパンフレットにしていくために，新たな視点や気付きなどを記録させた。そうすることで，生徒が自らの学習過程のメタ認知を行い調整をしていくことにつながるだけでなく，教師にとっても学習を調整していく過程や「思考・判断・表現」と関連させながら思考している様子が見取りやすくなると考えた。

4 授業の実際

　第1時では，学習プランを用いて身に付けたい資質・能力と単元の見通しを共有した。「図

書館たほいや」のルールを生徒に説明し，ゲームの流れを確認した。また実際にゲームに取り組み，図書館たほいやのもつ魅力や，楽しむポイントについて，各自が発見できる時間を取った。

　第2時では，図書館たほいやの公式パンフレットと一般的なパンフレットなどを比較し，パンフレットにある情報にはどのようなものがあるかを確認させた。その中で，公式パンフレットにおける情報の過不足を考えさせたり，自分の目的や意図に照らして必要となる情報を考えさせたりした。

　ここでは，これまでの学習の経験を生かして情報を集めたり，整理したりしている様子が見られた。例えば，マインドマップを用いて発想を膨らませ，その中で必要な情報に順序付けを行ったり，付箋を用いて情報の種類ごとに分類したり，何度も並べ替えて構成を考えたりしている姿が見られた。どの姿を見ても，多様な読み手に理解を促すためにはどうすればよいか，という思考を働かせながら活動している様子がうかがえた。

　第3時では前時までに整理した情報を基にPowerPointを用いて，パンフレットを作成した（**図1**）。

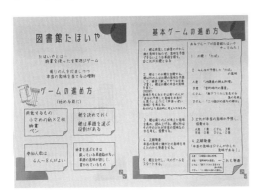

図1　作成したパンフレットの例

　第4時を行う前に，3年生が作ったパンフレットを1年生に渡し，読む時間をとってルールやゲーム全体の流れや概要を理解してもらい，第4・5時には，3年生と1年生で一緒に図書館たほいやに取り組んだ（**図2**）。

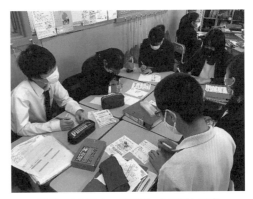

図2　1年生と一緒にゲームを楽しむ姿

　第4・5時で，3年生は1年生がルールのどこまでを理解し，またどの理解が不十分なのかを観察しながらゲームを進めた。ゲーム中に1年生から疑問が出たり，ルール確認の質問を受けたりすることで，作成者として，自分の示した情報が十分に伝わる構成や表現になっていたか見つめ直している様子があった。ゲーム後には，1年生にインタビューを行った。そこでは，ルールについて分かりにくかったことはないか，ゲームの中で困ったことはないかなどのやりとりを通し，自分たちのパンフレットでどこまで伝わっているかを確認している姿が見られた。

　振り返りでは，書いて正確に伝える難しさを感じている様子が見られた。また，伝わっているかどうか確認ができないからこそ，相手意識をもった構成と言葉の選択が大切になることを確認していた。また，互いの記述がそれぞれのパンフレットのねらいを達成するものになっているか，読み合うことの重要性に改めて気付いたという記述も見られ，多様な読み手を想定し，構成を工夫して書くプロセスを自分なりに振り返っている様子が見られた。最後に，「図書館総合展2020」において，公式パンフレット案として提案し，生徒の作品が公式採用されたことも，学習していく上での大きな励みとなった。その様子はYouTube動画で視聴できるので，参照されたい。　　　　　　　　　　（土持　知也）

[資料]　資質・能力育成のプロセス（6時間扱い）

次	時	評価規準	【　】内は評価方法 及び Cと判断する状況への手立て
1	1 ｜ 3	知　具体と抽象など情報と情報との関係について理解を深めている。（○◎） 【Bと判断する状況の例】 知　相手や目的に応じて，情報の具体性や抽象的な表現に気を付けながら文章の中で用いている。	【ワークシート①の記述の確認・分析】 　C：伝える相手や目的によって具体的に説明したり，抽象的な言葉で表現したりするように促す。
		思　「書くこと」において，目的や意図に応じて集めた材料の客観性や信頼性を確認し，伝えたいことを明確にしている。（○◎） 【Bと判断する状況の例】 思　より魅力的なパンフレット作りを目指し，複数ある情報の中からよりよいものを選択して，伝えたいことを明確にしている。	【ワークシート②の記述の確認・分析】 　C：収集した情報から，伝える相手に適した情報を選び，ワークシートに整理するように促す。
		思　「書くこと」において，文章の種類を選択し，多様な読み手を説得できるように論理の展開を考えて，文章の構成を工夫している。（○）	【ワークシート②の記述の確認】 　C：収集した情報を並べ替えたり，公式パンフレットと比較させたりして，構成によって伝わる印象の違いについて考えるように促す。
2	4 ｜ 5	態　今までの学習を生かして，粘り強くパンフレットの構成を工夫し，学習課題に取り組もうとしている。（○◎） 【Bと判断する状況の例】 態　交流を通して，より質の高いパンフレットの作成を目指し，構成を工夫しようとしている。	【交流時の発言の確認・分析】【ワークシート②の記述の分析】 　C：相手や目的に応じた構成や情報の工夫とはどのようなものかを見つけられるように促す。
		【Bと判断する状況の例】 思　想定した相手のもっている情報量に配慮しながらパンフレットの構成を考え，工夫している。（◎）	【ワークシート②の記述の分析】 　C：目的や意図を確認しながら，構成を考えるように促す。
3	6		

主たる学習活動	指導上の留意点	時
・学習プランと学びの手引きを用いて，本単元の見通しをもつ。 ・「図書館たほいや」についての説明を聞き，ゲームの概要をつかむ。 ・4～5人グループに分かれゲームに取り組む。 ・本単元の学習課題を確認する。 【課題】 「図書館たほいや」をもっと楽しめるパンフレットを作ろう！ ・一般的なパンフレットにある情報について確認する。 ・「図書館たほいや」公式パンフレットを読み，どのような情報があるか，一般的なパンフレットの情報と比較する。 ・「もっと楽しめる」をコンセプトに，パンフレットに必要な情報をグループで集める。 ・グループで出た意見を全体で共有し，ワークシート①に整理する。 ・相手や目的によってパンフレットに必要な情報が異なることを確認し，想定した相手に必要な情報をワークシート②にまとめ，パンフレットの構想を練る。 ・コンセプトを基に各自でパンフレットを作成する。	・学習プランと学びの手引きを示しながら，学習の流れと身に付けたい資質・能力を確認し，これまでの学習を生かして取り組むように意識させる。 ・この段階では学習課題について触れない。 ・国語係と一緒にゲームを行い，感想や勝敗のポイントなどを話してもらう。 ・同じ辞書だけを用いず，別の出版社の辞書を扱うように促す。 ・高校，旅行，娯楽施設など，生徒の生活経験からを想起させて，パンフレットにある情報の種類をできるだけ多く集めさせる。 ・見通しを意識させ，課題に合った情報の整理の仕方を意識するように促す。 ・自分たちが楽しめるだけでなく，多様な読み手が楽しめるパンフレットにすることを目指し，情報の収集，内容や構成の検討をさせる。 ・収集した情報を美しくまとめることに終始することなく，課題解決に向けて整理したり，順序付けたり，分類したりするように促す。 ・PowerPoint を用いてパンフレットを作成させる。	1 — 3
・前時までに作成したパンフレットを互いに読み合い、グループで交流する。 ・交流での評価を受け，改善を図る。 ※以下，感染症対策の観点から時期を延期し実施した。 ・各自が作成したパンフレットを用いて，1年生と「図書館たほいや」を行う。 ・1年生から発信されたパンフレットについての感想や気付きをもらい，さらに改善を図る。	・お互いのパンフレットを読み合い，前単元で扱った「批評する」ことを意識して，気付きなどを共有するように促す。 ・交流でのお互いの気付きなどについて，改善の必要性の有無について十分に検討させる。 ・交流の際は記録を残し，前後での思考の変化を可視化させる。 ・はじめてゲームに取り組む参加者がパンフレットを読んだ時の反応や，ゲームが進行していく中での困り感などを観察させ，それを記録するように促す。 ・パンフレットについて「批評」してもらう。	4 — 5
・本単元の振り返りをする。 　○振り返りの視点の例 ・本単元の学習を通して何ができるようになったか。 ・今まで身に付けてきた力が，本単元の学習のどの場面で，どのように発揮されたか。 ・本単元で身に付けた力は今後，どのような場面で発揮されそうか。　　　　　　…など	・授業の具体的な場面に触れながら，視点をもって学習の振り返りをさせる。 ※振り返りの記述については次時に共有を図り，個人内評価の高まりを促すように指導を行っていく。	6

┃第2部┃各教科の実践┃

実践例①〜②

 社会科

『新学習指導要領』の示す目標を基に,「評価の観点及びその趣旨」は,『改善等通知（別紙4）』において,下記の通りに示されている。

知識・技能	思考・判断・表現	主体的に学習に取り組む態度
我が国の国土と歴史,現代の政治,経済,国際関係等に関して理解しているとともに,調査や諸資料から様々な情報を効果的に調べまとめている。	社会的事象の意味や意義,特色や相互の関連を多面的・多角的に考察したり,社会に見られる課題の解決に向けて選択・判断したり,思考・判断したことを説明したり,それらを基に議論したりしている。	社会的事象について,国家及び社会の担い手として,よりよい社会の実現を視野に課題を主体的に解決しようとしている。

　本校社会科では,評価を学習指導に還元し,生徒の資質・能力の高まりにつなげていくため,各観点について以下のように考え,実践を行った。

1　本校社会科が考える観点別学習状況の評価のあり方
（1）「知識・技能」の指導と評価
　単純な基礎知識の習得ではなく,それぞれの知識を関連付けたり,組み合わせたりして,より深い理解につなげられること,他の単元でも応用できる知識とすることなどが重要である。例えば,地理的分野において,ある日本の地域を,生産量が多い作物に着目して,農業が盛んと一面的に捉えるのではなく,他の面からその地域を捉え直したり,他の地域と比較したりして,地域の特色や課題について根拠を明確にした事実的知識から,多面的・多角的に捉える必要がある。また,歴史的分野であれば,一つ一つの出来事を暗記するのではなく,それぞれの出来事を因果関係で関連付けたり,他の出来事や時代との類似や差異を明確にできたりすることが必要である。
　次に,社会科における技能を高めるためには,調査活動や諸資料から課題の解決に必要な情報を集め,取捨選択し,関連付けを行うなどして,ワークシートなどに整理できることが重要である。そのために,1年生では,選択した資料の信頼性を判断できるようになることや,正確な情報を読み取れるようになることを指導する。2年生では,課題に対して行った調査活動において,選択した資料の妥当性を他の生徒との相互評価を通じて確かめさせ,課題解決に即した資料の適切な選択や判断を行える素地を育成していく。そして,3年生では整理したことを基礎資料として,文章や図で他者にも伝わるようにまとめることができるようになることを目指させる。各学年で段階的に技能の定着を図っていくことで,生徒の「思考の足場づくり」となるよう指導する。
　評価する際は,授業中の生徒の発言やワークシートにまとめている様子を形成的に評価したり,発言内容や記述内容の根拠が明確に示せているかを見取り記録に残し,総括の資料とする。

（2）「思考・判断・表現」の指導と評価

　社会が抱える問題や課題に気付き，自らが立てた仮説を事実や根拠に基づいて追究し，試行錯誤しながら，納得解や最適解を見いだしていく思考を，3年間を通じて繰り返していくことが重要であると本校社会科では考える。そのためには，教師が常に課題解決に向かう本質的な問いや題材を準備しておくことと，生徒に「社会的な見方・考え方」を働かせることができるように促すことが必要である。そして，生徒が社会科学的な思考の繰り返しの中で，当たり前と思っていることを問い直したり捉え直したりする場面や，自分の力で批判的に解釈・評価する場面を意図的に設定することも必要な指導となる。生徒の思考をより豊かなものとするためには，教師がグループ活動でのやり取りを観察したり，生徒の発言を価値付けたりすることが有効である。最終的には，ワークシートの記述内容を見取り記録に残し，総括の資料とする。

（3）「主体的に学習に取り組む態度」の指導と評価

　本校社会科では，生徒が学習を通じて，社会参画を単に社会に参加する，協力すると捉えるのではなく，これからの持続可能な社会の創り手として，社会の中で活躍・貢献していくために，社会の諸問題を主体的に捉えられるようになることを目指し，指導に当たる。働かせたい社会的な見方・考え方を学習プランによって生徒に自覚させ，個人の思考の時間やグループ活動時に，教師が個別に生徒の考えに対して疑問を投げかけたり，違う視点を示したりする。そのやり取りの中で，新たに生じた疑問や生徒の気付きをクラス全体にフィードバックし，生徒に思考の繰り返しを促すと，生徒は粘り強く課題解決に取り組めるようになる。また，単元を通じた一枚式のワークシートの活用は，生徒が自身の学びの履歴や思考の変容を実感できる点において有効であり，それを基に生徒が自らの学びを振り返ると，今後の学習とのつながりを意識できるようになったり，自己調整が図れるようになったりする。そして，ただ学習を振り返らせるのではなく，視点を示した記述をさせたり，今後の学習や生活に生かしたいことなどをキーワード化して整理させたりする。それに対し教師が，各自の振り返りのよい部分を示し，生徒自身に自覚させることで，よりよい振り返りにつなげることができる。

2　実践の成果と今後への課題

　今年度，これまでの研究を基に，各学年において定着を目指す技能を整理し実践したことで，学年が上がるごとに技能が着実に身に付くことを成果として得ることができた。しかし，例えば生徒に資料などを示す際は，多面的・多角的に，そして時には批判的に読み取らせることが必要であるが，そのためには技能の指導とともに教師自身の読み込みも重要となることを改めて実感した。また，生徒がより主体的に学習に取り組むためには，生徒自身が，その単元の学習において必要となる知識や資料などを考えたり，課題を設定したりする場面を，教師が意図的につくり出すことが大切であることも分かった。そうすることで，生徒自身が学ぶ必要性を感じることができたり，学習の見通しを立てることができたりすることにもつながると考える。そして，学習の振り返りを書かせ，教師が次の学習に生かす評価を行えば，生徒も学びをつなぐことで新たな見通しをもつことが可能になる。しかし，現在，記録に残す評価としてその多くをワークシートの記述内容に頼っている。生徒の学習活動をより多くの面から評価していくためにも，記録の残し方については，今後も研究を重ねていきたい。

社会科実践例①

1　単元を通じて実現を目指す「学びに向かう力」が高まっている生徒の姿

　九州地方における自然環境を生かした産業や地域開発の動向，人々の生活などを調査したり考えたりすることで，九州地方の地域的特色を捉え，よりよい社会の実現を視野に提案しようとしている姿。

2　単元について

　『新解説』では，資質・能力の育成に必要な活動の一つに，「課題を追究したり，解決したりする活動」がある。それは生徒とともに学習課題を設定し，予想や仮説を立てながら，調査活動を通し考察したり課題の解決を図ったりする授業の実践と言える。ここで設定した課題を解決するためには，学習内容と学習過程の構造化が必要であり，その際，その土台となる知識や概念，技能を習得することが重要な位置付けとなる。

　本単元において，生徒が九州地方の地域的特色を踏まえて課題を設定し，他者と協働しながら課題解決を目指して追究していくことは，社会に見られる様々な課題を考察する素地を養い，未来の創り手となる「豊かな学び」の創造につながると考える。そのために，「九州地方は豊かな自然を生かした産業が見られるが，災害が多い」という事実的知識を獲得させるだけでなく，様々な資料を根拠に複数の視点から考察を深めさせる活動に多く取り組ませることで，上位概念を形成し，まとめ上げる姿の形成へとつなげたい。

3　「学びに向かう力」を高めていくための観点別学習状況のあり方

（1）「知識・技能」の指導と評価

　九州地方は，これまで多くの自然災害に見舞われながらも，自然と共生してきた地域だということを認識させられる単元構成を心がける。そのためには，九州地方における様々な資料を収集させ，その資料の中から有用な情報を適切に選択しながら説明させたり，官公庁のデータを基に批判的に捉えさせたりする場面を設け，事実的知識の習得が概念的な理解を伴ったものとなっているかを確認することが重要となる。単元の終末では，「深化シート」に獲得した事実的知識を整理する活動を通して，一層の定着を図る。

（2）「思考・判断・表現」の指導と評価

　生徒が自らの学びを意味付けたり，自覚したりするために，社会的事象の探究活動を振り返ることができる一枚式のワークシート「深化シート」を用いて可視化させる。そうすることで，単元を貫く課題が意識でき，自らの学びの履歴や変容も実感しやすくなると考える。

　本単元では，「九州移住ドラフト会議」という実際に行われている取組をアレンジしたパフォーマンス課題を設定する。身に付けた知識や技能を根拠としながら，九州地方のこれからをいかに表現することができるかを見取っていきたい。実際に移住者を増やすために議論を重ねさせる中で，これまで学習してきたことを有機的に結び付けさせ，よりよい社会の実現を視野に入れた提案をさせていきたい。

（3）「主体的に学習に取り組む態度」の指導と評価

　単元を貫く課題に対する仮説を立証するため，これまでに習得した知識や技能を活用して調査計画を立てさせるセルフマネジメントを活動の柱にしてきた。そして，その調査計画を実行する中で，単元を貫く課題にどのよ

うに迫ることができたのかを，毎時間3色の付箋を使い分けながら振り返りを記述させた。生徒には3色の付箋と，自身のセルフマネジメントに対する授業者からの形成的な評価を基に，必要に応じて活動計画を修正させることで，学びに向かう力の高まりを促した。

4　授業の実際

第2時は，前時にクラスで行った「九州地方の人々にとって，特色ある自然環境や地理的条件は強みであるか，弱みであるか」の討論の振り返りから始めた。第1時では，あえて九州地方の自然環境に関するデータのみで議論したため，生徒からも一面的な議論ではなく，多面的に捉えた上での議論が必要であることに気付いた意見が出てきた。その声を基に，改めて調査の必要性を問い，「そのためには，どのような情報を収集することが必要か」と投げかけた。生徒からは産業や人口の推移，観光客の推移だけでなく，自然災害への対策や住んでいる市民の声など，九州に住む人々の立場に立った意見も出てきた。そこで，クラスとして調査すべき情報を整理し，その調査から何が見いだせそうかを考えさせ，本単元を貫く課題の設定へとつなげた。

最初に個人で課題を考えさせると，「九州地方の人々は，自然環境とどのように向き合っているのだろうか」という意見が多く挙がった。しかし，「九州地方が自然環境と『どのように向き合っているのか』というのは，現時点での疑問であり，未来をどのようにすればよいのかを考えることこそが学習課題にふさわしいのではないか」という意見が話合いの中で出てきたことで，課題設定までの道筋が定まっていった。授業の半分を課題の設定に費やすことになったが，最終的には「九州地方の人々は，これからどのように自然環境と向き合っていけばよいのだろうか」という単元を貫く課題を設定することができた。この課題設定は，本校社会科が掲げる教科の本質にもある「社会科学的思考」につながるだけでなく，理科の授業やTOFYのテーマ設定などで学んだことが自然とつながった成果と言える。

第3時では，「九州移住ドラフト会議」を基にして，若者に向けて九州の魅力をPRするパフォーマンス課題を提示した。生徒は自分が決めた県を調査する中で，既習事項を振り返りつつ単元を貫く課題を自分事として捉えながら，適切な選択や判断を心がけて取り組むことができていた。また，実際の自治体における取組を根拠にPR内容を考察することで，今後の九州地方が「どうあるべきか」という価値的知識を用いた提案をすることができていた。

人々の生活は自然環境や社会的条件からの影響を大きく受けるが，自然環境や社会もまた，人々の生活によって大きな影響を受ける。生徒は本単元の学習を通じて，こうした相互の関係に気付くことができた（**図1**）。

今後は，単元を貫く課題が単元にどのように位置付けられ，それに迫るための学習活動がどのように展開されるべきか，そして他の学習とどうつながり，関連付けられ，解決へとどう結び付いていくのかなど，単元の指導計画を構造的に構想していくことを課題としていきたい。（田川　雄三）

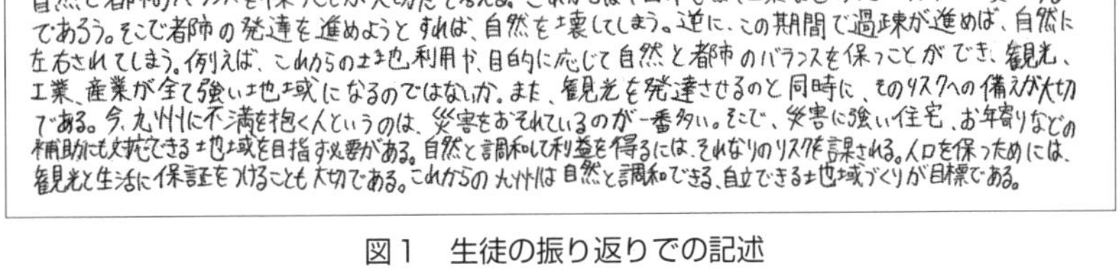
九州は「自然との調和が大きい地域である。SDGsの目標でもあるように，持続可能な九州にするのであれば，自然と都帥のバランスを保つことが大切だと考える。これからは，日本では，工業などの発達が大きく変化するであろう。そこで都師の発達を進めようとすれば，自然を壊してしまう。逆に，この期間で過踈が進めば，自然に左右されてしまう。例えば，これからの土地利用や，目的に応じて自然と都市のバランスを保つことができ，観光，工業，産業が全て強い地域になるのではないか。また，観光を発達させるのと同時に，そのリスクへの備えが大切である。今，九州に不満を抱く人というのは，災害をおそれているのが一番多い。そこで，災害に強い住宅，お年寄りなどの補助にも対抗できる地域を目指す必要がある。自然と調和して利益を得るには，それなりのリスクが課される。人口を保つためには，観光と生活に保証をつけることも大切である。これからの九州は自然と調和できる，自立できる地域づくりが目標である。

図1　生徒の振り返りでの記述

次	時		評価規準	【　】内は評価方法 及び Cと判断する状況への手立て
1	1 ｜ 3	知	自然環境が九州地方に与える影響について，資料から考えている。（○）	【ワークシートの記述の点検】 C：ワークシートを用いて一緒に資料を読み取り，九州地方の現状を考えさせる。
		思	九州地方における自然環境について追究する学習課題を見いだし，仮説を立てている。（○）	【ワークシートの記述の確認】 C：ワークシートを用いて課題を確認させ，仮説を立てられるように教科書や地図帳の資料の読み取りを支援する。
		知	九州地方における自然環境について追究する学習課題を基に，九州地方の地域的特色を理解している。（○◎）	【ワークシートの記述の確認・分析】 C：ワークシートを用いて一緒に作業を振り返り，学級内で出てきた意見を確認させたり，自然環境の読み取りの支援をしたりして，九州地方についての基礎的な事項を理解させる。
			【生徒に獲得させたい認識】 九州地方は，日本列島の中でも比較的温暖な気候であるが，梅雨の時期の集中豪雨や台風の被害などで，たびたび洪水や土砂災害などに見舞われる。また，阿蘇山，桜島などをはじめとした火山が多く分布している。その影響で九州南部にはシラス台地が広がり，農業では大変苦労してきた。しかし，その自然環境のもとでも，九州地方の人々は，火山による温泉の観光資源や暖かい気候を利用しての二毛作，促成栽培，気候に大きく左右されない畜産などで，自然環境と上手に共生を図ってきた。また，アジアに近い地理的な条件や豊かな自然環境を生かした工業も発達している。このような中，九州地方では，特色ある自然環境を生かし，更なる発展を目指して努力を続けている。	
2	4 ｜ 6	知	九州地方に関する様々な資料を収集し，それらの資料の中から有用な情報を適切に選択して，読み取ったり図表などにまとめたりしている。（○）	【付箋の記述の確認・ワークシートの記述の点検】 C：有用な情報を資料から読み取れているかなどの進捗状況を確認し，補足するための資料を提示する。
		思	学習課題を基に，地域内の結び付き，人々の対応などに着目して，他の事象やそこで生じる課題と有機的に関連付けて多面的・多角的に考察し，その過程や結果を適切に表現している。（○）	【付箋の記述の確認・ワークシートの記述の確認】 C：各担当の発表を振り返り，九州地方における地域的特徴を確認させる。
3	7	思	九州地方が自然と共生していることについて，交流を通して自分の考えをもっている。（◎）	【ワークシートの記述の分析】 C：学習活動全体を振り返り，理解できたこととできなかったことを，具体的にして記述するように促す。
		態	九州地方の地域的特色に対する関心を高め，よりよい社会の実現への視野をもって主体的に追究しようとしている。（◎）	【ワークシートの記述の分析】 C：既習事項を振り返りながら，自分の学びをつなげられるように諸資料の読み取りを支援し，自分の考えを記述するように促す。

主たる学習活動	指導上の留意点	時
・九州地方のイメージを記述し，九州地方の自然環境について確認する。 ・九州地方に関する資料を読み取り，九州地方は自然豊かであるとともに，自然災害も多い地域であることを共有する。 【課題】九州地方の人々にとって，特色ある自然環境や地理的条件は強みであるか，弱みであるか ・これから何を学習していくべきか，クラス全体で共有する。 ・九州地方の特徴と人々の営みを関連付ける「問い」を立て，学習課題として共有する。	・イメージだけではなく，既習事項も引き出すように発問する。 ・単元を通して，考えの変容・深まりを記録できるワークシート（深化シート）を配付する。 ・単に「強み」「弱み」の議論だけにならないように，クラス内の意見に対して，批判的に考察させたり，逆の立場に立つことを意識させたりして，話合いを進めさせる。 ・学びの見通しを立てさせる中で，何を調査していくか共有しながら，そのためにはどのような課題を設定するべきか，クラス全体で共有できるようにする。	1 — 3
【課題】九州地方の人々は，これからどのように自然環境と向き合っていけば，よいのだろうか		
・九州地方に関する資料から読み取れたことについて，それぞれ発表し，その内容を全体で共有する。 ・資料から読み取れたことを中心に，九州地方とはどのような地域なのか，深化シートに各自記入する。	・既習事項や資料から読み取れたことを使い，九州地方の説明を行わせる。	
【パフォーマンス課題】社会科の授業で「人口減少社会への挑戦〜私たちは人口減少社会とどのように向き合っていけばよいか」を設定したFy73期生。そんな73期に九州地方のある県から依頼がきました。それは，現在も人口減少が進んでいる九州地方で，2030年以降の人口減少を食い止めるために実施されている「九州　移住ドラフト会議」の5周年記念に特別参加するオファーです。みなさんが考えるのは，2030年以降若者が九州に移住しようと考えるために，九州の魅力をPRすることです。これまで学習してきたことを根拠に，持続可能な提案をしましょう。		
・学習プランを使って，本単元の見通しを立てる。 ・学習課題と学びの見通しについて，自分の考えをまとめる。	・学習プランを使って今後の活動の見通しと身に付けたい資質・能力を確認し，調査にかける時間やスライドづくりの活動計画を立てさせる。	
・九州地方の調査で担当した県（市）について，学習課題に対する調査活動をする。 ・班内でそれぞれが分担した調査内容をPowerPointにまとめ，録音活動をした上で動画を作成する。 ・班の意見を聞き取りながら情報をまとめる。	・主張するための根拠をどの資料から読み取って得たのかを明確にさせる。 ・調査していく中で，「位置や分布」「空間的相互作用」など，考えられる視点を意識しながら活動させる。 ・ただ情報をまとめるのではなく，単元を貫く課題を意識しながら情報が共有できるよう促す。 ・読み取ったことを関連付けて，課題について多面的・多角的な考察をするように促す。	4 — 6
・それぞれ考えた案を発表する。 ・単元を貫く課題について再構築された自分の考えを深化シートに論述する。 ・今までの学習活動を振り返り，自らの学びについて変容や自覚したことなどをまとめる。	・深化シート全体を俯瞰し，学びの深まりや思考の変容について着目させる。 ・これまでの学習事項や新たに獲得した認識を基に表現させる。 ・各授業における付箋やセルフマネジメントしてきた活動についても振り返る際の視点とすることを伝える。	7

社会科実践例②

1 単元を通じて実現を目指す「学びに向かう力」が高まっている生徒の姿

現代社会における経済分野の課題の解決を視野に，自身が主体的に社会参画をする意識をもって，より実現可能な企画とするために試行錯誤する姿。

2 単元について

本単元は，消費生活を中心に経済活動の意義について捉えた後，市場経済，生産，金融の学習をする。今の生徒たちが就職をする時代は，これまでと会社のあり方や働き方が異なる，変化の激しい時代と言える。そこで，株式会社の仕組みや銀行の働きだけではなく，最近注目を集めるクラウドファンディングに着目させ，金融の仕組みや働きについて理解を深めることをねらいとする。また，私たちの生活が，家計と企業，企業間などにおける「分業と交換」によって成り立っていることを理解したり，個人や企業の経済活動における役割と責任について多面的・多角的に考察したりすることができるようにする。そして，学習課題に取り組むことで，持続可能な社会の形成を自覚させるとともに，現代社会における経済分野の課題の解決に主体的に関わろうとする態度を育てる。

3 「学びに向かう力」を高めていくための観点別学習状況のあり方

（1）「知識・技能」の指導と評価

本単元では，家計と企業との関連に着目しながら，人々が求める財やサービスをつくり出す生産活動がどのように行われているかを理解する。また，家計と企業，企業間の「分業と交換」が円滑に進むために，金融の働きがどう関わっているかを把握する。これらの関係を正確に理解できているかどうかを，教科書などの図を用いて生徒たちに説明させることで，知識の習得状況を確認する。また，技能に関しては，資料から読み取ったことを整理して，他者に伝えることができているかを見取ったり，示されている資料の情報が本当に正しいか批判的に読み取らせたりして，技能の高まりを確認する。

（2）「思考・判断・表現」の指導と評価

学習課題を，生産者側の視点で考えさせる。そして，必要に応じて，前単元の消費者側の視点と比較させ，多角的に捉えることを指導する。どの面を，どの視点で捉えていくのかを丁寧に示しながら，生徒が多面的・多角的に考察できるように指導し，ワークシートの記述や他の人の企画へのコメントを随時評価することから，視点を広げていけるように工夫する。その上で，企業は利潤を追求することが第一の目的でありながら，人々が必要とする安全で安心な財やサービスを生産すること，公正な活動を行うこと，環境への配慮や社会貢献活動も行うことなどの役割を担っていることを，多面的に捉えさせる。

（3）「主体的に学習に取り組む態度」の指導と評価

資料から読み取れたことを基に，生徒たち自身が学習課題を設定することで，自分たちが普段感じていることと学習を結び付けられるように指導する。また，企画を考えて終わるのではなく，相互評価をし，企画の再構築をさせることにより，より実現可能な企画に近づけさせることで，社会とのつながりを意識しながら，粘り強く学習に取り組めるように指導する。そして，他者からの評価やコメントを見ながら再度考え直させることで，試行錯誤し，自己調整を図りながら取り組む機

会を保障する。最後に，自己評価をさせることで，現代社会で課題となっていることをより身近に感じられているかを見直させる。

4　授業の実際

本単元の学習は，前単元の消費者視点から生産者視点に変わっていることを，ワークシート（学びのプランを含む）を使って確認した上で，企業の基本的役割について学習した。その上で，コロナ禍によって企業の活動にどのような影響が出たのかを，資料から読み取ったことを基に生徒たちに整理させ，全体で共有を図り，現状の把握を行った。教師側は，飲食業や観光業への影響が大きいことに多くの生徒が注目すると考えていたが，生徒たちの生活感覚では，人の移動が制限されたことや多くのイベントなどが中止になったことを，大きな影響として捉えていた。そこで，当初考えていた「withコロナ時代において，飲食店（または観光業）が生き抜くために必要なクラウドファンディングの企画を考えて提案しよう」という学習課題ではなく，クラスごとの話合いで次のように学習課題を決定した（図1）。

学習課題決定版
「withコロナ時代において〇〇〇〇〇〇〇〇〇〇〇〇〇〇〇〇〇〇〇
に必要なクラウドファンディングの企画を考え提案しよう。」
A組：学校の校外活動を安心・安全に行えるようにするため
B組：長距離移動（飛行機・新幹線・バス等）を安心・安全に利用できるため
C組：2021東京オリンピックを安心・安全に開催するため

図1　各クラスが決定した学習課題

その後，各自で企画を考えさせ，構想がある程度固まった段階で，グループ内で発表させた。その際に，どのポイントで他者の企画を評価したり，アドバイスしたりするべきかを生徒と一緒に考えた（図2）。アドバイスを出し合う中で，細かくコスト面を計算して，実現可能性を模索したり，感染防止と楽しさを両立させるための調整を図ったりしていた。また，アドバイスの中には，環境への配慮か

評価のポイント
・実現可能性（現実性）や持続可能性が意識されているか
・社会的需要（求められているか）や社会への還元率はどうか
・感染防止や環境への配慮はあるかどうか
・効率（ムダがないか）　希少性（資源等の有限性）　機会の公正さ

図2　各クラスの意見を基にまとめた評価のポイント

ら改善点を示したり，資源の有限性について指摘をしていたりするものも見られた。アドバイスを基に改善した各自の企画を1枚の企画書にまとめ，Teamsに投稿させ，他者の投稿された企画書に対して，再度，質問やアドバイスを書き込ませた。その後，各自で企画を再考する時間を設け，最終案を改めて投稿させた。生徒たちはそれを見ながら，各自がコメントとともに決められた金額内で自由に投資をした。投資のコメントの中には，予算の見積もりが甘いことを具体的に指摘するものや，具体性が欠けた案に対する改善点を示したもの，環境への配慮などを考えて別の材料への変更を示すものなどが見られた。

各自の投資が終わった後，自身の企画を見直すために，企業の経済活動の基本とともに，企業の社会的責任についても，教科書や資料集を基に，生徒たち自身で考え確認した。そして，各自の企画を自己評価して，自分の企画の無駄に気付いたり，予算の見通しの甘さに気付いたりすることができていた（図3）。

最終記述　自分の考えた内容の良い点と課題点を自己評価して，文章にまとめよう。
私の考えた内容の良い点と課題点は2ずつある。良い点としては資源の有限性についてより深く考えられた所だ。リサイクル率が高いダンボールを利用することで，持続可能な社会について考え，環境への配慮をすることができたと思う。また，人件費など細かな部分のお金を具体的に示すことで投資者側にもより情報を明確に表すことができた。そして私がクラウドファンディングで一番工夫した部分はダンボールのパーテーションを使うことでプライバシーが保護されることだ。今までのオリンピックの選手村では1部屋に5～6人，約2ヶ月その場所で過ごすというデータがあった。コロナ対策以外にもこのような視点から見ることができた。一方課題点としては現実性がなかったことと。そして効率の部分をもう少し考えるべきだと思った。前者はダンボールの耐久性から考えて2ヶ月間衛生的に保てないことだ。後者はダンボールパーテーションの組み立てはすべて手作業で行うので効率的ではないことがコメントをみて気付けた。

図3　C組の生徒の最終記述

今回の実践の反省点としては，学習課題の設定が広く，どのような業種の企業か，誰を対象に企画するのかなど絞り込むことができず，視点を定められなかった点が挙げられる。

（山本　将弘）

[資料]　資質・能力育成のプロセス（7時間扱い）

次	時		評価規準	【　】内は評価方法 及び Cと判断する状況への手立て
1	1	知	資料から数値の変化やその影響について読み取り，整理している。（○）	【発言内容・ワークシートの記述の点検】 C：数値の変化などに着目させる。
	3	知	図を用いて，家計，企業，金融の関係について整理している。（○◎）	【ワークシートの記述の確認・分析】 C：使っている用語が正確か確認させたり，教科書や資料集の図を参考にさせたりする。
		思	資料から読み取ったことと，学習した知識を関連付けて，今後の課題について，多面的・多角的に考察している。（○）	【グループワークでの発言内容の観察】 C：第1時で整理した内容について振り返らせる。
2	4	態	現代社会の課題をしっかりとイメージして，企画作成に取り組もうとしている。（○）	【ワークシートの記述の点検】 C：現代社会の課題の具体例を提示する。
	5	思	企画の改善点について，多面的・多角的に考えている。（○）	【ワークシートの記述の確認】 C：他の人の企画のよい点を確認させたり，違う立場の視点を示したりする。
	6	思	各企画を比較・検討し，課題点を踏まえて，投資とコメントをしている。（○）	【コメントの内容の確認】 C：自分と似た企画を探させたり，他の企画との共通点や相違点を挙げさせる。
		態	自分の企画の課題点を，繰り返し探そうとしている。（○）	【ワークシートの記述の確認】 C：課題として指摘されたコメントを丁寧に読み返させる。
3	7	思	自分の企画のよい点・課題点の両面を捉え，多面的・多角的に考察している。（○◎）	【ワークシートの記述の確認・分析】 C：自分よりも評価が高かった企画の改善点を確認させる。
		態	現代社会の課題について，学習したことを通して，主体的に考えようとしている。（○◎）	【ワークシートの記述の確認・分析】 C：現代社会においてどのようなことが課題となるか具体例を挙げさせる。

主たる学習活動	指導上の留意点	時
・学びの手引きと，ワークシートを使って，学習の見通しをもつ。 ・コロナ禍によって企業の活動にどのような影響が出たかを資料から読み取る。 （業種別の業績の増減割合，倒産件数など） ・企業の役割について，生産活動という視点で基本的な知識を整理する。 ・株式会社の仕組みや企業競争の役割について，教科書や資料集から必要な内容を読み取る。 ・金融の仕組みと働きを学習し，家計，企業，金融の関係について，ワークシートに図を使って整理する。 ・コロナ禍の影響から企業の課題について考える。 ・本単元の課題を全体の共有を基に設定する。 【課題】 「withコロナ時代において，〇〇〇ために必要なクラウドファンディングの企画を考え提案しよう」	・学びの手引きも活用しながら，本単元の学習の流れをイメージさせ，身に付けたい資質・能力を確認し，意識して学習に臨めるようにする。 ・具体的な数値から根拠を明確にして，影響について考察させる。 ・我々が消費する財やサービスの提供がされていることを再認識させる。 ・図や使用されている用語が正確かどうか，教科書や資料集を用いて確認させる。	1 — 3
・個人で企画を考える。 ・案内をWordかPowerPointで作成する。 ・グループ内で発表して，修正を加える。 ・修正を加えた案をTeamsに投稿する。	・新しいものを一から作るのではなく，今ある企業が行える改善や新しいシステムの導入をメインに検討をさせる。 ・改善点を明確にさせ，より実現可能な企画となるように検討を重ねさせる。	4 — 5
・指定された金額で他の人の企画に投資とコメントをする。 ・結果を受けて自分の企画を再検討する。	・単なる人気投票にならないように，課題を確認しながら，どういう視点で投資したらよいのか明確にする。 ・選ばなかったものについても，改善点などをコメントさせるようにする。 ・交流の記録を丁寧に読み返させたり，必要に応じて，改善点について交流させたりする。	6
・最終的に完成した企画を自己評価し，ワークシートにまとめる。 ・企業の生産活動以外の社会的役割や責任について，教科書や資料集から必要な情報を読み取り，知識を整理する。 ・本単元の振り返りをする。	・自分の企画のよい点だけでなく，課題として残った点も挙げさせて，どうしたらより実現可能な企画となるかを考えさせる。 ・SDGsの視点などにも触れ，持続可能な社会づくりについて考えさせる。 ・「企業の経済活動における課題の解決に向けて，どのようなことをさらに学習したいと思ったか」を視点に学習を振り返らせる。	7

実践例①〜③

数学科

『新学習指導要領』の示す目標を基に、「評価の観点及びその趣旨」は、『改善等通知（別紙4）』において、下記の通りに示されている。

知識・技能	思考・判断・表現	主体的に学習に取り組む態度
・数量や図形などについての基礎的な概念や原理・法則などを理解している。 ・事象を数学化したり、数学的に解釈したり、数学的に表現・処理したりする技能を身に付けている。	数学を活用して事象を論理的に考察する力、数量や図形などの性質を見いだし統合的・発展的に考察する力、数学的な表現を用いて事象を簡潔・明瞭・的確に表現する力を身に付けている。	数学的活動の楽しさや数学のよさを実感して粘り強く考え、数学を生活や学習に生かそうとしたり、問題解決の過程を振り返って評価・改善しようとしたりしている。

本校数学科では、資質・能力の高まりを支える学習指導と評価を一体化させるために、各観点について以下のように考え、実践を行った。

(1) 「知識・技能」の指導と評価

「知識・技能」は基礎的な知識の理解や技能の習得だけでなく、概念や原理の理解や数学的な解釈を含んでいる。つまり、その単元の本質に潜む概念や原理に到達することが求められており、そのためには知識や技能の習得と、それらの発揮・活用後の振り返りが不可欠と考える。例えば、1年生「比例・反比例」の授業で「英文記事を打ち込む所要時間を見積もろう」という学習課題がある（『附属横浜中』(2020)）。これは、1行を打ち込む時間や1分で打てる文字数から、記事全体を打ち込む時間を予測する内容であり、事象を数学化し処理する技能を身に付けることができる。問題解決の目的に沿っているかどうか試行錯誤する過程では、既存の知識を解決のために活用したり、規則的に変化する変数の関係を比例の知識を用いて話し合ったりする中で、徐々に概念的理解を伴ったものとして深めることができる。また、問題解決後の振り返りで、比例関係とみなす技能が一次関数などの他単元へ活用できる見通しをもたせたり、比例関係とみなせる場面を日常の中で探させたりすることが、身に付いた知識や技能の構造化につながると考える。

評価の場面では、日常の場面に近い問題、知識が関連付けられたかどうかを問う問題を生徒へ提示し、知識や技能の高まりが概念や原理の本質に及んでいるかどうか確かめる場面を設けることが重要である。知識や技能を習得するための活動、習得されたかどうか振り返る活動、さらに習得したものを他の場面で生かしていく活動を学習活動の中で意図的に設定することで、知識が構造化され、理解の伴う技能として定着していくと考える。これは、帰納、演繹、類推をはじめとした「方法知」である問題の考え方やアプローチの仕方についても同様で、教師は生徒の知識や技能を身に付けていくプロセスを豊かに想像し、追い続けていく姿勢が必要である。

（2）「思考・判断・表現」の指導と評価

　性質を見いだし統合的・発展的に考察したり，事象を簡潔・明瞭・的確に表現したりする力を育むためには，試行錯誤を重ね，その過程を仲間と共有し深めながら解決を図ることが効果的である。そのためには考察する価値のある題材で十分に試行錯誤させることが肝要である。例えば，2年生「1次関数」の授業で「格子多角形の面積の求め方を見つけよう」という学習課題がある（『附属横浜中』(2020)）。これは，様々な格子多角形の面積と格子点の個数との関係を探りながら「ピックの定理」を見いだす内容である。本実践では，生徒は対話を通して「帰納的に考える」という思考法を基に，面積と格子点の関係が一次関数とみなせることに気付くことができた。これらはどちらも既習の考え方であり，ここに至るまでの過程を共有していく様子は，まさに問題解決の過程を振り返りながら知識及び技能を関連付けている姿として表れていた。仲間が何に気付き，表現された言葉は何を根拠としているのか，対話を通じて共に問題解決に迫っていく姿を丁寧に追っていくことが重要であると言えよう。

　評価する際は，試行錯誤を重ねる中で，具体的な場面に照らし合わせて予想とのズレを修正したり，解決に役立った考え方をまとめたりできているかどうかを見取る。

（3）「主体的に学習に取り組む態度」の指導と評価

　数学的活動の楽しさや数学のよさを実感しようとしたり，問題解決の過程を振り返って評価・改善しようとしたりする意思的な側面の変容を見取るには，その単元で分かったことや身に付いたことを自らの言葉で価値付け（自己評価）させることと，他者との交流の場面を設け互いのよい点や改善点などを話し合わせる（相互評価）ことを組み合わせることが効果的である。これにより，自らの理解がどの程度深まっているかの客観的な確認や，これから取り入れていきたい考えとの出合い，そして新たな気付きによる問いの生成などが期待できる。図1は，1年生「文字と式」の学習後に，個で行った振り返りが交流を経てどのように記述内容が変容したかを示したものである（本書籍 pp.58-61を参照）。

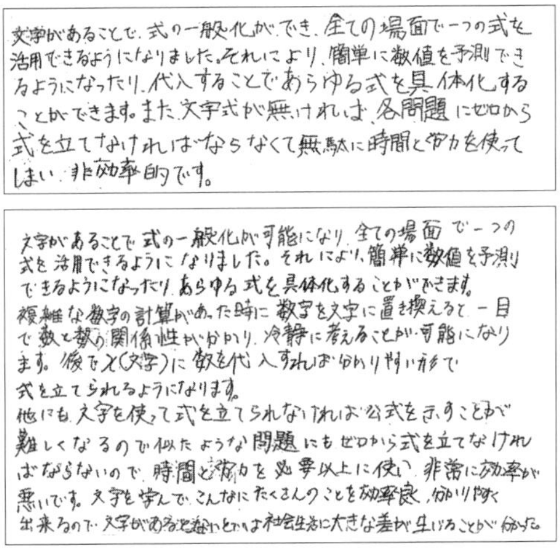

図1　交流前後（上と下）での記述の変容

　個での振り返りは，自己内対話を促し，メタ認知能力を高める上でも重要な活動であるが，偏った見方が起こりかねない。だからこそ，他者からの言葉や，前年度までの先輩たちの作品などを見たり読んだりする機会が，多面的に事象を捉える素地を育成する上で大きな影響を与える。生徒は，よい例と向き合った後，自然と自らの記述に目をやり，よりよい形へ改善を図ろうとする。教師が「個→他者（全体）との対話→個」のサイクルを保障することが生徒の「学びに向かう力」の伸長を促し，それが生徒の学習活動の質の高まりに寄与すると言えよう。そのためにも，生徒自らがどのような場面で活用できそうかを想像したり，「こういう場合はどうなるのだろう」と疑問を焦点化し，次なる学習へつながる問いを見いだしたりすることができるように，教師は継続的な働きかけを繰り返していくことが必要である。

数学科実践例①

1 単元を通じて実現を目指す「学びに向かう力」が高まっている生徒の姿

　問題解決の場面で文字を用いて数学的に説明したり，問題解決の過程を振り返って考えたりすることで，文字を用いた式の働きを理解し，文字の有用性を実感している姿。

2 単元について

　『新解説』において定義された数学的活動の一つに，「数学的な表現を用いて説明し伝え合う活動」がある。例えば，帰納的に導き出した仮説が妥当かどうかを既習事項と組み合わせて演繹的に説明する数学的活動では，文字を用いて一般化を図る操作は不可欠である。つまり本単元の学びは，充実した数学的活動を継続的に積み重ねていく上で，極めて重要な位置付けであることが分かる。

　よって本単元では，文字や文字を用いた式の有用性が実感しやすくなるように，「問題変え」を行って発展的に事象を考察する場面を意図的に多く組み込んだ。これにより，「問題変え」によって生じた様々な場合の比較から，文字を用いた説明が簡潔かつ効率的であることに気付かせたい。そして，他の条件や別の場面でも成り立つかどうか統合的・発展的に事象を考察する経験を通して「事象のもつ性質や規則性を帰納的に導ける」「不変な部分と変化する部分を見いだすことが事象の本質を捉えることに効果的である」などの方法知の獲得を期待したい。

3 「学びに向かう力」を高めていくための観点別学習状況のあり方

（1）「知識・技能」の指導と評価

　文字を用いた式の表記のきまりや文字を用いた四則計算など，必要な知識や技能が確実に身に付けられるような単元構成を心がける。そのためには，項をまとめる操作や一次式と数の乗除の計算方法を面積図や線分図を用いて説明したり，反例を用いて誤った処理を指摘したりする場面を設け，概念的な理解を伴った習熟がなされているかを確認する。終末では，知識や技能，役立った考え方を「まとめシート」に整理する「単元まとめ」を行い，文字を用いた式で数量やその関係を表現することの一層の定着を図る。

（2）「思考・判断・表現」の指導と評価

　「単元まとめ」後に，身に付けた知識や技能を活用して問題解決を図る場を設定する。これは，まとめた事柄が「使いこなせるもの」として身に付いているかどうか，より実感をもたせられると考えたからである。ここでは，「数当てゲーム」（平成28年度全国学力・学習状況調査問題をアレンジしたもの）を扱う。数を当てられる根拠を数学的に説明し合うことで，文字を用いてゲームの内容を適切かつ効率的に処理や表現ができるか見取っていきたい。また，新たな手順のゲームをつくる「問題変え」を通して，文字のもつ一般性を用いて事象を考察する方略の習熟へとつなげたい。

（3）「主体的に学習に取り組む態度」の指導と評価

　本単元の「振り返り」は，文字の有用性や働かせた見方・考え方に着目して記述させるが，1年生は自らの学びの足跡を価値付けて言語化する経験自体が乏しく，一面的なものになってしまう傾向がある。よって授業者からのフィードバックだけでなく，他者の考えや記述内容に触れることで自らの記述内容を見直させ，必要に応じて修正や加筆を認め，よりよい「振り返り」へと洗練させていく経験を

積ませる。これにより，自らの学習状況の客観的な把握や，自分の捉えと異なる考えとの出合いから多面的な事象の解釈を図る素地の育成を目指す。また，無自覚に働かせていた見方・考え方に気付かせることも可能になると考える。記録に残す評価は，最終的に仕上がった「振り返りシート」の記述を基に行う。

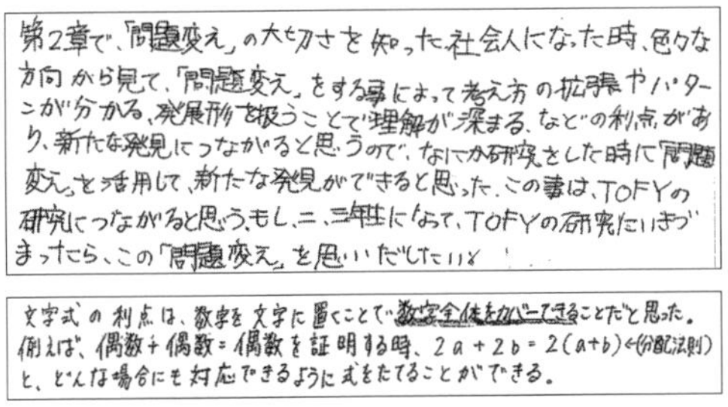

第2章で、「問題変え」の大切さを知った。社会人になった時、色々な方向から見て、「問題変え」をする事によって考え方の拡張やパターンが分かる、発展形を扱うことで理解が深まる、などの利点があり、新たな発見につながると思うので、なにか研究をした時に「問題変え」を活用して、新たな発見ができると思った。この事は、TOFYの研究につながると思う。もし、二、三年生になって、TOFYの研究たいきづまったら、この「問題変え」を思いだしたいと

文字式の利点は、数字を文字に置くことで数字全体をカバーできることだと思った。例えば、偶数＋偶数＝偶数を証明する時、2a＋2b＝2(a＋b)←(分配法則)と、どんな場合にも対応できるように式をたてることができる。

図１　生徒の振り返りの記述

4　授業の実際（第11，12時）

第11時は，前時に行った「単元まとめ」の返却から始めた。「単元まとめ」は，「学習プラン」「まとめシート」「振り返りシート」の構成になっており，「まとめシート」の記述に対する評価は記録に残したが，「振り返りシート」は個々へのアドバイスを記した付箋を貼り付ける形でのフィードバックとした。生徒にはその理由として，文字の有用性に対する追究が甘いこと，抽象度が強くて本単元との関連性が伝わってこないことなどを挙げ，よりよい「振り返り」ができる素地を身に付けるために「本単元の『振り返り』をブラッシュアップしよう」と投げかけた。

まずは自らの記述が学び得たことを適切に表現できているかを吟味させ，手元の付箋を参考にしながら加筆や修正を促した。そして，他者の記述にも目を通してみることを提案し，自分のシートを机に置いたまま教室内を自由に歩き回って，他者の記述を閲覧させた。生徒はメモをとったり書き手に質問したりしながら，自分では気付けなかった考えや参考になる記述などを確認していた。その後，新たにシートを配付し，本単元の学びを改めて価値付けさせた。すると，「具体的な数でなくても式の比較で大小関係は整理できる」「一つの式で複数の問題を解くことができる」など，文字の有用性を多面的に捉えた記述が多く見受けられるようになった。また，身に付けた考え方の汎用性に焦点を当てた記述や，２年生で扱う複数の文字を用いた式にまで目を向けた発展的な記述もあった（**図１**）。

第12時の「数字当てゲーム」では，数字を当てられる理由を数学的に説明できるか班で話し合わせたり，その考えを用いて新しいゲームを個々で作成し班で問題を出し合ったりさせた。また，他者に出題した際に意図した結果にならなかった場合は，どこを修正すべきか班で協力して考えさせた。この活動から，目的に応じて簡単な式に変形できる技能の定着度合いと，文字を用いた数学的な説明のよさを改めて確認させることができた。授業後には，複数の文字を用いた場合や，累乗を用いた場合のゲームの手順を考えるなど，今後の同系列の学びにつながる新たな問いを生成している生徒の姿が多く見受けられた。

「振り返り」の書き直しや，「まとめ」後にまとめたものを用いて問題に取り組ませることは，一層のメタ認知につながると考える。特に，書き直したものを総括に用いる評価として扱う場合，多くの生徒が「有利に働く」と想定されるが，単元を通して到達させたい姿まで引き上げることが授業者の役割であり，よい見本との出合いや他者との交流を経て「学びに向かう力」が高まったその姿をきちんと評価することは必然である。なお，今回は対象の記述内容を「相互評価」するにはまだ尚早であると判断し見送ったが，今後は自由に回った際に付箋によい点を書いて貼ってくる活動などを取り入れていきたい。そのためにも，自らの学びを適切に価値付け，自らの考えをより確かなものへと構築を図れる素地の育成を一層進めたい。（池田　純）

次	時	評価規準	【　】内は評価方法 及び Cと判断する状況への手立て
1	1 ｜ 6	知　文字式を用いることの必要性と意味を理解している。（○）	【ワークシートの記述の点検】 C：文字を数に置き換えることで，いろいろな場合の結果を求めることが可能になることを確認させる。
		思　求める方法を複数考えたり，帰納的に規則を導いたりして，事象を多角的に考察し表現することができる。（○）	【ワークシートの記述の確認】 C：図形の連なりが，どのようなかたまりの繰り返しで構成されているか着目させる。
		知　文字を用いた式における乗法と除法の表し方，項や係数の意味を理解して，それを基に簡単な一次式の加法と減法の計算をすることができる。（○◎）	【ワークシートの記述の確認】【小テストの分析】 C：文字を用いた式の計算のきまりや表記の約束について，ここまでのワークシートの内容や「正の数，負の数」でまとめた四則計算のきまりを振り返るように促す。
2	7 ｜ 12	思　文字を用いた式の四則計算を活用して具体的な場面を考察し表現することができる。（○）	【発言の点検】【ワークシートの記述の確認】 C：「問題変え」によって，変わったことと変わってないことに着目させ，はじめの問題の考え方と関連付けて分かっていることを式化させる。
		思　式が表す内容と関連付けて，数量の大小関係を，不等号を用いて表す方法を考察し表現することができる。（○）	【ワークシートの記述の確認】 C：文章の中の「多い・少ない」などの大小関係を表す言葉に着目して数量関係を整理させる。
		知　文字を用いた式を使って，数量やその関係の表現の仕方を整理しまとめることができる。（◎）	【ワークシートの記述の分析】 C：ここまでのワークシートを見返し，本単元の学習事項やそれぞれの関連性を整理させる。
		態　文字の有用性や，文字を用いた式を活用した問題解決の過程を振り返り，評価・改善しようとしている。（○◎）	【行動の観察】【振り返りシートの記述の分析】 C：文字のよさや文字を用いた式が有効に働いた場面を想起させたり，他者の記述からどのような表現で整理されているかを確認させたりする。
		思　文字を用いた式で事象を表現したり，その式の意味を解釈したりして，「数当てゲーム」の仕組みを考察し表現することができる。（○◎）	【発言の点検】【ワークシートの記述の分析】 C：複数のパターンを試して共通点の確認をさせ，即時的に数を当てるために文字を用いた式化が有効であることに気付かせる。

主たる学習活動	指導上の留意点	時
・「学習プラン」を用いて，本単元の見通しを全体で共有する。	・本単元で身に付けたい資質・能力を確認するとともに，小学校時の文字の学習，前単元の「正の数，負の数」，次単元の「方程式」との関わりを伝え，本単元の学びの意義を考えさせる。	1—6
文字を用いて式で表すことの意味やよさを考えよう。 □□□…□ ・正方形を図のように連ねていく際，10個つくるときに必要なストローの本数を，複数の考え方で求める。 ・正方形がn個の場合に必要なストローの本数を，nを用いた式で表す。 ・正五角形や正六角形の場合に必要な本数を考え，正a角形における必要な本数を式化する。 ・文字を用いた式の表し方の約束を確認する。 ・文字や文字を用いた式が表している数量や意味について考える。 ・一次式と数との乗除と一次式の加減について，計算の方法を確認し，計算による処理の仕方を練習する。	・実際に図示することで数えて求めることが可能だが，1000個並べた際の本数を図から求めることは容易でないことを確認し，文字を用いた一般化がどのような数にも対応できるよさがあることに着目させる。 ・正方形で一般化した式を，正a角形を考えることでさらに一般性をもたせ，「問題変え」で事象の考察がより深まることを体験させる。 ・「$-a$は常に負の数と言える」「$3a+2a=5a^2$は正しい」を，反例を根拠に挙げて誤りを指摘したり，$3(a+2)$が分配法則を用いて計算できることを，面積図などを用いて幾何的に説明したりして，数学的な説明の仕方についての理解を深めさせる。	
具体的な場面で，文字を用いた式を利用して，いろいろな事柄を説明しよう。 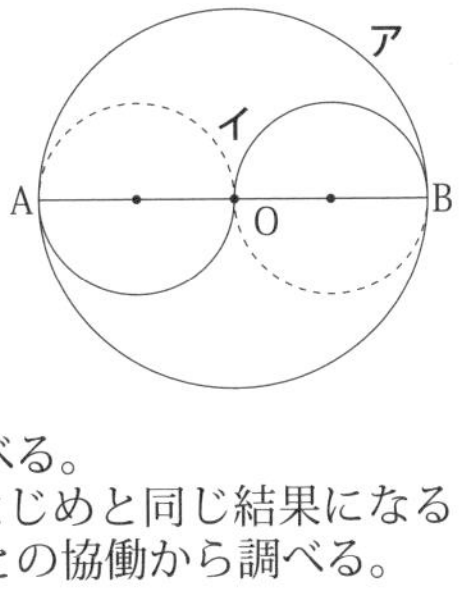 ・直径 AB の長さが10cm の円 O の中に，OA，OB を直径とする同半径の円を二つ書き，A から B へ行くのに，アの道（円 O の円周の半分）を行く場合と，イの道（内接する二つの円の円周の半分を合わせた破線部分）を行く場合では，どちらの道のりが近いかを調べる。 ・「問題変え」した場合でも，はじめと同じ結果になるかどうかを，個ならびに他者との協働から調べる。 ・等号や不等号を用いて，数量の大小関係を表す。 ・「単元まとめ」及び「振り返りシート」を用いて，本単元で学び得たものの整理を行う。 ・個で振り返った内容を班で発表し合い，また全体で共有し，改めて自分の記述内容を見直す。 ・「数当てゲーム」を行い，数を当てることができる仕組みを考えたり，それを基に新たなゲームをつくり最初の数を当てる方法を説明し合ったりする。	・問題を解決するに当たり，まず自分なりの予想を立ててから考えさせる。 ・「内接する二つの円の大きさを変えた場合」「二つの円を三つの同半径の円に変えた場合」「AB の長さを固定しない場合」など，最初の条件を変えた問題に取り組ませることで，文字を用いた処理の仕方の習得とともに，数学的な説明をする上で文字を用いた一般性のある演繹的な説明が有効な方法であることを，活動を通して実感させる。 ・次単元の「方程式」に関わる重要な概念であることを確認する。 ・授業者からのコメント（付箋）と他者との共有から，新たな気付きや適切な表現を意識して再度自分の考えをまとめるように促す。 ・文字を用いた式から方法や手順を読み取ることで問題が解決できることを確認させ，文字を用いて考える必要性やよさを再認識させる。	7—12

数学科実践例②

1 単元を通じて実現を目指す「学びに向かう力」が高まっている生徒の姿

　表や図，グラフなどの文章以外のツールも駆使して考えを伝え合うことを通して，不確定な事象の問題解決を図ろうとしている姿。

2 単元について

　PISA調査における読解力の定義は，物語，論説などの「連続テキスト」だけではなく，表，図，グラフなどの「非連続テキスト」も対象となっている。「非連続テキスト」を用いて数学的に表現する活動を単元全体の問題解決の過程の中で計画的に位置付けることが重要と考える。

　本単元では，統計的資料から確率を用いて説明することの重要性を感じられるような問題を単元の前半と後半に，単元半ばでは場合の数に基づいて考える数学的確率のよさを実感できる場面を設定した。単元全体を通して表や樹形図，グラフなどの文章以外のツールも使いこなし問題解決を図ることで，数学的に表現する意義やよさを味わわせたい。

3 「学びに向かう力」を高めていくための観点別学習状況のあり方

（1）「知識・技能」の指導と評価

　「さいころの目で6の目はどれだけ出やすいか」のような，数学的確率ばかりに内容の偏りが生じると確率の本来の意味を見失いやすい。そこで，単元の後半に改めて統計的資料を用いた問題を設定し，「同様に確からしい」の意味や，場合の数を基にして求められた数学的確率の意味を問い直すことにした。「市民全員に感染症の検査を受けさせるべきか」という問題では，確率と相対度数の関係について再度考えを深めたり表現したりする場面を

設け，自分自身の生活と関連させながら知識や技能を活用させた。また，この問題の解決後，数学的確率を用いた練習問題に取り組む場面を設定し，単元内で学習した知識や技能につながりがもてているかどうかを見取った。

（2）「思考・判断・表現」の指導と評価

　「少なくとも1回は赤玉が出る確率」のような余事象の確率を求める問題を通して，表や樹形図を用いて説明する場面を設定した。起こり得る場合を落ちや重なりがないように数え上げるための工夫を説明し合う活動の中で，正しく確率の求め方を考察できているかどうかを見取った。また，「くじ引きは先に引く場合と後に引く場合ではどちらが有利か」では，直感と数学的確率のズレから生徒の説明しようとする意欲を喚起した。言語活動を通して，数学的な表現を用いて解決できることを実感させ，思考の深まりを促した。

（3）「主体的に学習に取り組む態度」の指導と評価

　単元末の振り返りでは，確率が「実生活や他教科の活動でどのように生かされそうか」について考える場面を設定した。ワークシートの裏面は，学習内容を整理したレポートとなっている。振り返りの記述を見取る際は，学習の中で生徒が得た知識や考え方が整理された裏面の記述と対応させながら評価している。振り返りの場面では，他者の記述を見る時間を確保した後，自己の学習を丁寧に振り返っている記述を「数学科通信」で発信し，多面的に学びの履歴を解釈できるような機会を設けた。振り返りシートは，生徒の単元での学びが1枚に集約される構成としていることから，生徒の学びを俯瞰し評価できる。今後の生徒の学びの方向性を示すためのアドバイスは，振り返りシートを基に個別に行ってきた。

4　授業の実際（第7〜9時）

　第7時の導入で「市民全員に感染症の検査を受けさせるべきか」という相対度数を用いて解決する問題を提示した。検査の正確さや感染者数の条件整理を行い「あなたが陽性と判定された場合，感染している確率はどれくらいか」と投げかけた。その後，確率を直感で書かせ全体で共有した。確率の求め方について問うと，解決の方針を立てるのに多くの生徒が戸惑う中，情報を書き出して整理しようとする生徒が出てきた。メモしている生徒にどのような方針を立てているか聞くと「感染の有無と検査の判定の有無について考えると4通りに市民を分けられる」といった発言があった。市民の分類が，問題解決の手掛かりになりそうだと判断したため，その発言を全体に共有して情報の整理を促した。特に整理の方法について指示をしなかったにも関わらず，表や図を用いて整理する生徒が多く見られ，問題解決の目的に沿って情報を整理している様子が見られた。その後，第1時に扱った「画鋲を投げると，上向きと下向きどちらのほうが起こりやすいか」という問題で身に付けた相対度数について復習しながら，この問題で相対度数をどのように扱うべきか考えさせた。生徒は分類された情報を組み合わせ，適切に確率を求めようとしていた。解決後，問題の中で大切にした「表や樹形図での整理」を意識させるため，「両面赤，両面青，片面赤片面青で塗られた3枚のカードをよく混ぜ，片面を見せたときもう一方の面の色を当てよう」という問題に取り組ませ，更なる技能の習熟を図った（**図1**）。

　第9時では「くじ引きは先に引く場合と後に引く場合ではどちらが有利か」という問題を提示した。ある生徒は解決の過程で，「先に引いたほうが得」という直感と，「先に引いても後に引いても確率は変わらない」という樹形図を描いて求めた結果とのズレに納得しなかったため，実際にペンを何本か使って

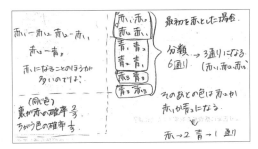

図1　練習問題における生徒の記述

簡易的なくじを再現し，繰り返し試行していた。相対度数を用いた統計的手法で数学的に求めた確率が正しいかどうか確認しようとしている姿は，まさに数学的確率と統計的確率を関連付けている姿であった。また，表や樹形図を問題の中で繰り返し活用する中で，「今回の問題は表で示すと分かりやすい」や「樹形図は複数回何かをする（試行）とき使える」など，問題場面ごとに適切な方法を模索する記述を指導の中で確認できた（**図2**）。

> この問題を通して考えたこと，得られたこと，新たな疑問
> 普段は頭の中で叩いたり，ちょこっと表を書いているだけだが，今回の問題で，表に書いて，分数することが大切だということが分かった。問題文の読みとりも重要というのが分

図2　生徒の振り返りの記述

　生徒は相対度数を現実場面で活用しながら，相対度数の本来の意味について問い直し，数学的確率の場面に適用していた。また，「くじ引きは先に引く場合と後に引く場合ではどちらが有利か」のような現実に近い文脈の中で，樹形図を用いて数学的に確率を求めようとする姿も見られた。このように，事象を数学化して現実場面で生かす活動と，単元の本質に潜む概念や原理を追究する活動を往還しながら問題解決に当たることが，必要な知識や技能を身に付けるために重要なプロセスであると考えられる。今後も，現実の活用場面と教科の本質を追究する場面を単元の中でそれぞれ適切に位置付け，生徒の資質・能力の高まりを価値付けていきたい。　　　　（高木　紀）

次	時	評価規準	【　】内は評価方法 及び Cと判断する状況への手立て
1	1 ｜ 3	知　起こりやすさについて整理する際，相対度数の考え方が用いられていることを理解している。（○）	【発言の点検】【ワークシートの記述の確認】 C：相対度数の考え方を確認させる。
		態　多数回の試行を通して，大数の法則を理解しようとしている。（○）	【行動の観察】 C：少数回の試行では結果にばらつきが生じることを確認させる。
	4 ｜ 6	知　簡単な確率を求めることができる。（◎）	【ワークシートの記述の分析】 C：場合の数における数え上げの方法や，「同様に確からしい」の言葉の意味を確認させる。
		思　余事象の性質について整理し，工夫して問題を作成することができる。（◎）	【ワークシートの記述の分析】 C：余事象を用いて考えることのよさを振り返らせ，余事象を用いた例題や演習問題の特徴を確認させる。
2	7 ｜ 10	態　自己の予想，他者の考えを踏まえて問題解決の過程を振り返り，評価・改善しようとしている。（○◎）	【発言の点検】【ワークシートの記述の分析】 C：他者のワークシートの記述を紹介し，自己の考察との違いについて考えるように促す。
		思　確率の考え方を用いて，事象を考察し表現することができる。（○◎）	【発言の点検】【ワークシートの記述の分析】 C：予想した段階の自己の考えと，他者との交流を経た後の考えの変化や違いに着目させる。

主たる学習活動	指導上の留意点	時
学習プランを用いて，身に付けるべき力と扱う内容を共有し，「学びの履歴」を整理する。	・単元の全体像と，身に付けたい資質・能力を確認し，単元全体の見通しをもたせる。	1—3
【課題1】画鋲を投げると，針は上向きと下向きのどちらになりやすいか。 ・実験から資料を収集し，起こりやすさを考察する。 ・起こりやすさは相対度数で判断できることを理解する。 ・大数の法則を確かめる。	・画鋲の形から上向きと下向きどちらの方が起こりやすいか予想させ，実験を通して判断できることを確認させる。 ・相対度数の考え方を学び直しながら，データにどのような傾向があるか考えさせる。	
【課題2】さいころの3の目と6の目はどちらが出やすいか。 ・実際にさいころを振り，試行回数を徐々に増やし，どちらも0.167に収束していくことを確かめる。	・グラフを用いて相対度数が収束していく様子を可視化し，大数の法則について考えさせる。 ・「同様に確からしい」の定義を明確にする。	
【課題3】2枚の硬貨を投げるとき，2枚とも表が出る確率を求めなさい。 ・場合の数を用いた確率の求め方を理解する。 ・表や樹形図の書き方を理解する。	・場合の数を用いた数え上げの意義について考えさせる。 ・課題と問題演習を通して，繰り返し表や樹形図を用いて整理するように促す。	4—6
【課題4】袋の中に白玉2個，赤玉1個が入っている。玉をよくかき混ぜてから1個取り出し，それを袋に戻してかき混ぜ，また1個取り出すとき，「少なくとも1回は赤玉が出る」確率を求めなさい。 ・数え上げを行い，余事象の考え方を理解する。 ・余事象のよさを生かした問題づくりを行う。	・「少なくとも」の意味について考えさせる。 ・確率は全体で1になるという考えを基に，確率を求めるための手段を増やしていく。 ・余事象を用いた問題づくりを通して，工夫した数え上げの方法に気付かせる。	
【課題5】市民全員に感染症の検査を受けさせるべきか。 ・検査を受けることによってどれだけ正しく陽性者を判定できるか予想する。 ・検査結果と感染の有無についての条件を整理する。 ・陽性だったとき感染している確率について考える。 ・練習問題を行う。	・問題の条件を身近な生活に近づけながら導入を行い，現実感をもって考えさせる。 ・確率を用いたデータの考察から，表や樹形図で整理することのよさを感じさせる。 ・直感と結果のズレが生じる理由について，確率を用いてまとめるように促す。 ・確率が変わる原因について，統計的確率の視点から意見を出させる。 ・練習問題を通して，相対度数の扱い方についての理解度を確認する。	7—10
【課題6】くじ引きは先に引く場合と後に引く場合ではどちらが有利か。 ・引く順番によって結果に違いはあるか予想する。 ・根拠を明らかにしながら整理する。その後，全体で考えを共有する。 ・考察に重要だと感じた考え方をまとめる。	・先に引く場合と後に引く場合それぞれの立場から，数学的確率を用いた考え方を根拠に考えを整理させる。	
単元のはじめと単元終わりの自己の考えの変容を「学びの履歴」に整理する。	・単元全体を俯瞰し，自己の変化や新たな数学的知見を振り返らせる。	

数学科実践例③

1 題材を通じて実現を目指す「学びに向かう力」が高まっている生徒の姿

複数の場合分けが必要な課題に対し、「過程の統合」の視点で考察することを通して、統合的な考え方のよさを実感している姿。

2 題材について

本題材では、統合的な考え方を二つに分けて整理した。異なる仮定のもとで別々の証明により同じ結論が得られる「結果の統合」と、異なる仮定のもとでも同じ証明により同じ結論が得られる「過程の統合」である。

「ガウスの面積公式」とは、「座標平面上で、$\mathrm{P}(a, b)$、$\mathrm{Q}(c, d)$ とするとき、$\triangle \mathrm{OPQ} = \dfrac{|ad - bc|}{2}$ である。」という定理である。P、Q の位置により場合分けし、それぞれの場合で面積を求めると、全ての場合で $\triangle \mathrm{OPQ} = \dfrac{|ad - bc|}{2}$ となることから、「結果の統合」ができることは確認できるが、本題材では一つの方法で全ての場合を説明する「過程の統合」を目指す。場合分けが必要な課題に対して、「結果の統合」や「過程の統合」を試み、整理や解釈を重ねる中で、統合的な考え方の有用性や美しさに気付かせたい。

3 「学びに向かう力」を高めていくための観点別学習状況のあり方

（1）「知識・技能」の指導と評価

「ガウスの面積公式」を導くために、点の位置によって場合分けを行い、それぞれの場合の面積の求め方を考察させる。その際、グループで見合う活動や協力して解決する活動を取り入れることで、自分の立式や計算の仕方、求める過程が適切かどうかを確認させることができる。評価は、適切な処理を行えて

いるか、$\dfrac{ad - bc}{2}$ と $\dfrac{bc - ad}{2}$ を $\dfrac{|ad - bc|}{2}$ と一つの表現にまとめられているかを、発言やワークシートの記述から見取る。

（2）「思考・判断・表現」の指導と評価

「過程の統合」をするためには、それぞれの場面の導き方を見比べ、共通点や相違点に着目して比較や検討をさせ、相違点を包括的に解釈できないかを考察する必要がある。本題材では、面積が負の値の場合の扱いを工夫すれば一つの導き方で説明できることに気付かせるために、数学アプリ「Geogebra」を使って、図の変化と面積の変化の関係を観察させることにした。また、「過程の統合」に役立つ考え方を記述させたり、既習の円周角の定理の証明を見直す場面を設けたりして、過程を包括的に解釈し統合するのに必要な見方や考え方の自覚化を図った。

（3）「主体的に学習に取り組む態度」の指導と評価

課題解決を図る過程で、課題に対し粘り強く取り組もうとする姿を育成したい。そのため、本題材では協働的に解決することに重点を置き、他グループの様子を見に行くことを認めた。そうすることで、多様な考え方と自分の考え方を比較し、自分の考え方を整理する契機にさせることができる。また、統合の有用性を記述させ全体で共有することで、統合の有用性と「過程の統合」の美しさを実感させることも可能になると考える。

4 授業の実際

第１・２時では、まず**図１**を示し、P、Q の座標を具体的に与え、グループで△OPQ の面積の求め方を考えさせた。**図２**に示した３通り（① ORTU から**アイウ**を引く方法、

②等積変形を用いる方法，③直交する AP，QR を用いる方法）の意見が出されたため，全体で共有した。その後，P (a, b)，Q (c, d) として一般化させた。次に，**図3**のような，P，Q の位置を変えた図を三つ示し，図ごとに考えやすい方法で個人，グループの順で同様に導かせた。そして，それらの方法を全体で共有した後，「結果の統合」に取り組ませた。あるグループではこの時点で，全ての場合を一つの方法で導こうとしていた。

第3時では，そのグループに「なぜ同じ方法で導こうとしたのか」を尋ねると，「その都度考えるより，一つの方法に絞った方が楽だから」と答え，その意見にクラス全体も納得している様子であった。そこで，図2の①の発想（S＝四角形ORTU－**ア**－**イ**－**ウ**より，※の式となる）

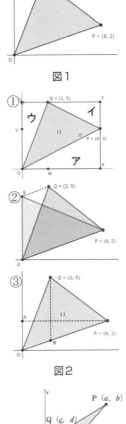

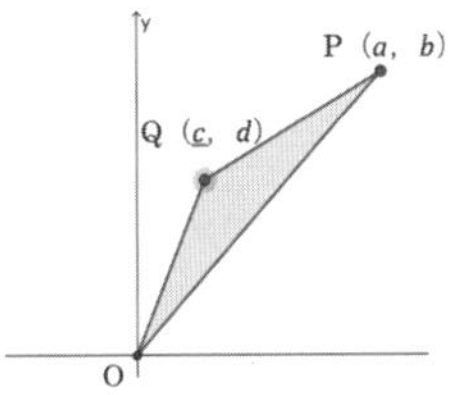

図1

図2

図3

$$S = \left| \underbrace{ad}_{ORTU} - \underbrace{\frac{ab}{2}}_{ア} - \underbrace{\frac{(a-c)(d-b)}{2}}_{イ} - \underbrace{\frac{cd}{2}}_{ウ} \right| \cdots ※$$

で，図3の面積を導かせることにした。「Geogebra」でP を図1の位置から図3の位置へ移動させる過程を動的に観察するように促すと，図4のよう

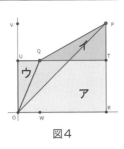

図4

な，S＝四角形ORTU－**ア**＋**イ**－**ウ**になることから，「※の式に統合できない」と主張するグループが多かった。そこで，「Geogebra」でP と Q が水平に並ぶ瞬間の図を示した。生徒たちは，$\frac{(a-c)(d-b)}{2}=0$ となり，※の式に統合できると気付いた。また，**図4**では，$\frac{(a-c)(d-b)}{2}<0$ となり，$\frac{(a-c)(d-b)}{2}$ を引くことは**イ**をたすことであると考え，S＝四角形ORTU－**ア**＋**イ**－**ウ**は，「※の式に統合できる」と主張するグループが現れた。そこで，その主張を全体で共有し，「過程の統合」が行えることを確認した。

第4時は，P，Q の位置を変えた他の図でも，※の式に統合できるか考察するように促すと，自然と**アイウ**の符号に着目し，示された図と※の式を見比べ，どの図でも※の式に統合できることを確認していた。最後に，本題材の学びを振り返らせると，「結果の統合」は結果的に統合できるだけだが，「過程の統合」は同じ手法により一つの証明で明確に説明できることや，相違点に着目することで「過程の統合」を行うヒントが得られることに気付いている様子がうかがえた（**図5**）。

第5・6時では，前時までの学びの振り返りを共有し，既習事項の円周角の定理の証明を見直した。証明で用いられる

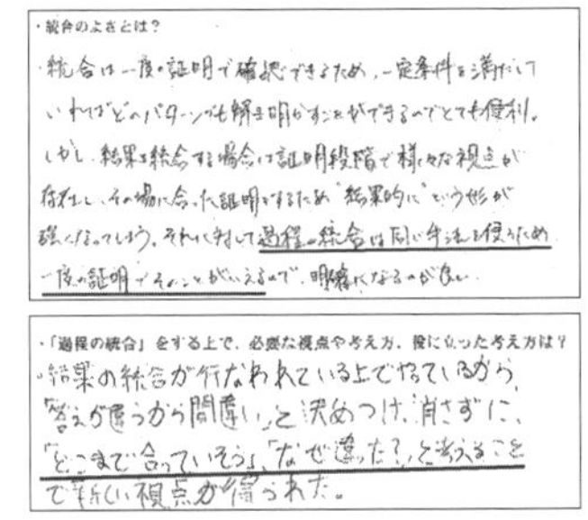

図5　生徒の振り返りの記述

角に「負の角」を認めることで，扱った「過程の統合」ができることを確認した。この題材で，「過程の統合」により，一つの記述で表現することの有用性に気付く素地をつくることができたと考える。

（関野　真）

[資料]　資質・能力育成のプロセス（6時間扱い）

次	時	評価規準	【　】内は評価方法 及び Cと判断する状況への手立て
1	1 │ 2	知　「ガウスの面積公式」を導くことができる。 （○） 思　多様な方法を考察し，表現することができる。（○）	【発言の確認】【ワークシートの記述の確認】 C：具体的な座標で面積を求め，その求め方を参考に文字で表すように促す。 【発言の確認】 C：他の方法を考えたり，仲間の考えを聞いたりするように促す。
	3 │ 4	思　過程を包括的に解釈し，過程の統合に必要な視点を見いだすことができる。（○◎） 態　場合分けをして結果を統合することや，過程を統合することのよさを考えようとしている。（◎）	【発言の確認】【ワークシートの記述の分析】 C：TPCで様々な面積の変化を考察するように促す。 【ワークシートの記述の分析】 C：他者との関わりから，数学的な表現を用いてまとめられているかを確認させる。
	5 │ 6	知　円周角の定理の証明で，場合分けの必要性を理解している。（○） 思　過程を包括的に解釈し，過程の統合に必要な視点を見いだすことができる。（◎）	【発言の確認】 C：場合分けされた三つの証明の相違点に着目させる。 【ワークシートの記述の分析】 C：点Pの位置の違いによる角の大きさの変化を考察するように促す。

○は主に「指導に生かす評価」，◎は主に「記録に残す評価」

主たる学習活動	指導上の留意点	時
【課題1】P(a, b), Q(c, d) とするとき，△OPQ の面積を a, b, c, d で表そう。 ・図1の△OPQ の面積を求める。 ・△OPQ の面積を求める方法をグループで共有した後，全体でも共有する。 ・図1を一般化し，P(a, b), Q(c, d) として，△OPQ の面積を a, b, c, d で表す。 ・右図のP, Q の位置を変えたものから，△OPQ の面積を a, b, c, d で表す。 ・それぞれの図の△OPQ の面積を表した式を比較し，S$=\dfrac{\|ad-bc\|}{2}$ にまとめる。	・図1のようにP, Q の座標を具体的に与える。 ・△OPQ の面積を求める方法を複数考えさせる。その際，どのような方法が考えやすいか検討させる。 ・例えば，次のような図を示す。 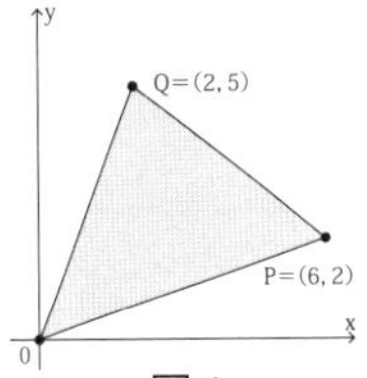 Q=(2,5) P=(6,2) 図1 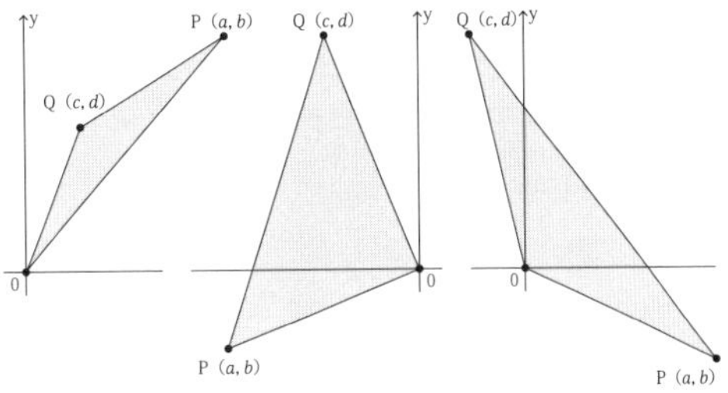	1 │ 2
【課題2】P, Q の位置を変えても，同じ方法で求められるか考えよう。 ・右図の「長方形 ORTU からアイウを除く」方法を確認する。 ・前時で示した図の面積を，「長方形から不要部分を除く」方法で求められるかどうか考察し，検討する。 ・点P, Q を動かしたときのアイウの面積の変化を考察する。 ・統合のよさと「過程の統合」に役立つ考え方をまとめる。	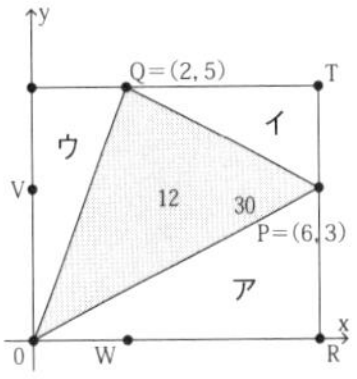 ・「Geogebra」を用いて図を動的に捉えさせる。 ・P, Q を片方ずつ動かして考察させる。 ・1・2時の内容が「結果の統合」，3・4時の内容が「過程の統合」であることを確認する。	3 │ 4
【課題3】円周角の定理を証明する際に，場合分けが必要だった理由を考えよう。 ・右図のように場合分けされた三つの場合の証明を見比べて，共通している部分と異なる部分を見いだす。 ・場合分けが必要だった理由を考察する。 【課題4】場合分けをしないで，円周角の定理を証明することはできるか考えよう。 ・三つの証明の相違点を考察し，証明を統合する方法（Ⅰの場合の証明が，ⅡⅢの場合を含んでいる。）を見いだす。	・既習の証明を見直させる。 ・場合分けの必要性は，証明の相違点が根拠となっていることに気付かせる。 ・Ⅰ，Ⅱ，Ⅲの場合を別々の図と捉えさせるのではなく，動点Pの位置による違いであることに気付かせる。 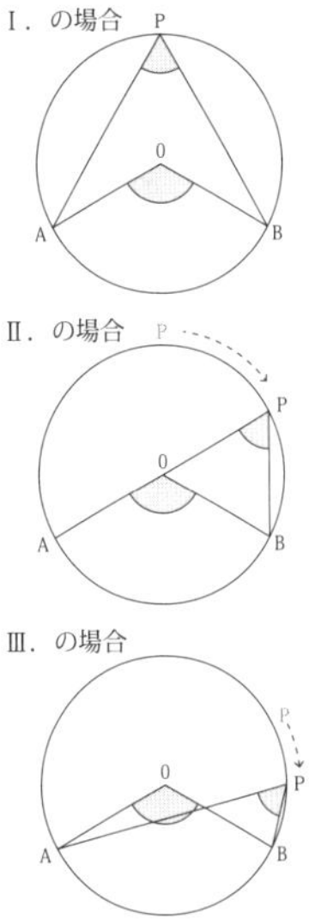 Ⅰ. の場合 Ⅱ. の場合 Ⅲ. の場合	5 │ 6

数学科 実践例 ||||| 69

┃第2部┃各教科の実践┃ 理科

実践例①～②

『新学習指導要領』の示す目標を基に,「評価の観点及びその趣旨」は,『改善等通知（別紙4）』において,下記の通りに示されている。

知識・技能	思考・判断・表現	主体的に学習に取り組む態度
自然の事物・現象についての基本的な概念や原理・法則などを理解しているとともに,科学的に探究するために必要な観察,実験などに関する基本操作や記録などの基本的な技能を身に付けている。	自然の事物・現象から問題を見いだし,見通しをもって観察,実験などを行い,得られた結果を分析して解釈し,表現するなど,科学的に探究している。	自然の事物・現象に進んで関わり,見通しをもったり振り返ったりするなど,科学的に探究しようとしている。

本校理科では,資質・能力の高まりを支える学習指導と評価を一体化させるために,各観点について以下のように考え,実践を行った。

1　本校理科が考える観点別学習状況の評価のあり方
（1）「知識・技能」の指導と評価

「課題の把握・発見」,「課題の追究」,そして「課題の解決」を一つのサイクルとして探究活動を行い,その中で知識や技能の定着及び評価を行ってきた。まず,探究活動の足がかりとなる課題の把握・発見の場面では,生徒が小学校で学んだ知識が定着しているのかを確認したり,課題の解決にはどのような知識が必要になっていくのかの見通しを全体で共有したりしてから課題の探究に取り組ませる。ただし,探究の過程で中学校の学習内容を超えた知識や技能が必要になる場合もあり,本来の学習の目的を見失わないように注意しながら働きかけることに留意することが重要となる。次に課題を解決していく場面では,他者と探究活動を通して学んだことを交流させる場面を設ける。そうすることで,動機付けの際に行った調べ学習の内容や,探究の過程で獲得した様々な知識が,他者との対話を通して整理され,構造化されていくことが期待できる。評価をする際は,課題に対する実験レポートの記述から,比較したり,関連付けたりして理解ができているかを見取り,場合によっては生徒に追加で質問を投げかけ,理解の深まりを確認する。また,本校ではTPCを一人一台所有しており,レポートなどを基に知識や技能の定着度合いを読み取った際は,学習支援システムを通して,生徒一人一人の実状に応じたフィードバックを繰り返すようにしている。

（2）「思考・判断・表現」の指導と評価

課題に対して実験計画が妥当かどうか何度も熟考したり,実験に関わる条件制御などを意識し

て計画を練り直したりして，常に探究活動全体を見通して取り組めるように指導する。その際，自分の考えを班の中で発表したり，班で話し合った観察や実験の方法などを他者に説明したりするといった，いわゆるアウトプットの活動は，それらの妥当性を確かめる上で効果的である。ただし，観察や実験などを行い，得られた結果を理科の見方や考え方を働かせて分析し，解釈する一連の科学的な探究方法を苦手としている生徒もおり，どのような視点で分析したのかを問いかけたり，どのような視点で他者の発表内容を考察したりするべきかを意識させたりすることを繰り返し行っていくことが重要となる。また，分析して解釈する場面においては，比較するだけではなく，どのような関係があるか関連付けてまとめたり，共通点のあるもの同士を分類したりして，短絡的な分析や解釈にならないように視点を与えることも必要である。例えば，他者との比較だけではなく，TPCを用いてデジタル化された過去の探究の過程とも比較することにより，自身の過去と相対化させた考察を促す手法などが挙げられる。また，TPCでフィードバックを行うことにより，観察や実験を重ねるごとに結果の分析や解釈における考え方の定着を図りつつ，評価については適切な視点をもって分析や解釈を行い表現できているかを見取った。

（3）「主体的に学習に取り組む態度」の指導と評価

　自然の事物・現象に進んで関わり，科学的に探究しようとする態度や科学的な根拠に基づいて，よりよい意思決定ができるかどうかは，課題の設定に大きく関係している。昨年度の研究では，自分自身で課題を見いだせなかったり，課題に対してどうやってアプローチしていったらよいのか戸惑う場面が見られ，今年度は探究活動の要である課題の設定に対して，特に意識して取り組んできた。具体的には，課題を見いだす工夫や課題へのアプローチの仕方に焦点を当て，生徒自らが抱く疑問を整理させ課題を見いださせることで，より自分事として課題を捉えられるようにした。評価する際は，課題に対する最初の自分の考えと，解決後の自分の考えとを比較させたり，試行錯誤した自身の探究の過程や今後の自分に生かそうとする振り返りを相互評価させたりして，そこでの気付きの内容や記述の具体性をレポートで見取った。

2　実践の成果と今後への課題

　昨年度に引き続き，カリキュラム・デザインを意識し，探究活動一つ一つを整理して取り組んだ。単元を通した課題の設定や単元のはじめに学習プランを提示することにより，生徒が見通しをもって，じっくりと課題に向き合える時間を確保することができた。生徒から出た自然な疑問をどうやって課題に落とし込んでいくのかが，授業をする中での教師側の課題であったが，要素に分けたり，探究活動や学習する単元にとって大事な視点をもたせたりすることにより，課題に対して自分事として捉えることができる素地を養うことができた。また，教師と生徒でどのような視点が重要なのかを共有しながら取り組むことで，次につながるようなフィードバックをより具体的に生徒へ示すことができた。

　一方で，本校のTOFY活動では，課題設定を2学年の一学期に行って研究活動が始まるため，課題設定や見通しをもった実験計画など，理科で学んだ探究活動の方法が少しでも活用できるようになることが求められる。1年時から継続的に探究活動のサイクルを経験させ，そのよさや意義を実感させていきたい。

理科実践例①

1　単元を通じて実現を目指す「学びに向かう力」が高まっている生徒の姿

　自身の学習の過程を振り返り，よかった点や改善点を見つけ，今後の問題解決型学習に生かそうとしている姿。

2　単元について

　『新解説』において，本単元の主なねらいは，「理科の見方・考え方を働かせ，化学変化についての観察，実験などを行い，化学変化における物質の変化やその量的な関係について，原子や分子のモデルと関連付けて微視的に捉えさせて理解させるとともに，それらの観察，実験などに関する技能を身に付けさせ，思考力，判断力，表現力等を育成すること」だと示されている。目に見えない世界の出来事を，モデル図などを用いて可視化して考えることが学習を進めていく上で基盤となる事項であり，重要な見方・考え方となる。

　「使い捨てカイロを徹底解剖する」という単元を貫く問いを設定することで，身近な事物・現象を理科の見方で捉えることができるようになることを期待する。また，解決のために問題を要素に分けて把握し，追究し，考察をまとめて結論を導く探究の過程を生徒自身の手で見通しをもって実施させることによって，TOFY での１年間にわたる探究の基礎へとつなげたい。

3　「学びに向かう力」を高めていくための観点別学習状況のあり方

（1）「知識・技能」の指導と評価

　本単元では「原子や分子のモデルと関連付けながら，化学変化，酸化・還元について理解するとともに，それらの観察，実験などに関する技能を身に付けること」が目標となっ

ている。実験を行う目的を明確にした上で実験を実施し，結果を分析して解釈させることにより，目の前で起きた現象において原子や分子にどのような変化が起きたのかを捉えさせたい。評価をする際は，課題に対する最終レポートの記述から，質量の増加や発熱と化学変化を関連付けて理解することができているかを見取り，「つまり，それはどういうこと？」などの質問を投げかけ，知識が構造化されたものとなっているかを確認する。

（2）「思考・判断・表現」の指導と評価

　単元を貫く問い「使い捨てカイロを徹底解剖する」に対して，「なぜ温まるのか」「なぜ温まるのが止まるのか」などの要素に切り分けた問いを課題として設定させ，その解決のための実験を教師側から提示したり，生徒自身に考えさせたりする。実験により得られた結果を分析して解釈する場面においては，「比較する」「分類する」といった考え方を意識させることで，理科における実験結果の分析や解釈の仕方を身に付けさせる。

　評価においては，生徒がまとめたワークシートに対して学習支援システムでフィードバックを行うことにより，実験の回数を重ねるごとに実験結果の適切な分析の仕方を身に付けさせたい。

（3）「主体的に学習に取り組む態度」の指導と評価

　本単元では，課題を解決するための実験方法を考え，他者との対話を通して，よりよい方法を論理的に導き出す場面（課題１の実験方法の考案）と，探究の過程を振り返り，最終レポートの記述を行う場面の２か所で「主体的に学習に取り組む態度」を見取ることができると考える。対話的・協働的に実験方法を考える場面においては，「課題を解決する

ために，より有効だと判断できるポイントは何か」という視点をもたせて話し合いを行わせる。また，最終レポートをまとめる段階においては，探究の過程を振り返り，問題の解決に対してプラスに働いたことが何かを記述させる。そうすることで，本単元の学習に終始することなく，TOFY など今後の探究的な学習にも生かすことができる汎用的な考え方の獲得につながると考える。

4 授業の実際

単元の導入において，各自が思う使い捨てカイロについての疑問を書き出させ，その疑問を要素に分けて課題とした。その中でも最も多かった「なぜ使い捨てカイロは火や電気を使っていないのに，温かくなるのか」という疑問を基に，「使い捨てカイロに含まれる物質の中で，温かくなる原因になるものは何か」という課題を設定した。市販されている使い捨てカイロの原材料の中から，多く含まれている鉄粉，活性炭，食塩について実験を行うこととして，グループごとに実験方法を考えさせた。そして，第3時及び4時に課題を解決するための実験を行った。

第5時の主な学習内容は，第3時及び4時に行った実験の結果を分析することであった。「まとめた結果（いくつか行った実験のうち，どの実験とどの実験を取り上げるか）のどのような点に着目（最高温度？最高温度に達するまでの時間？）して，どのように（比較したり，順序付けたり）して導いた結論が，カイロが発熱する原因は○○！」という考察のまとめ方を示し，個人で実験の結果に対する考察を記述する時間を取った。個人で考えた後に，実験を行ったグループの中で各自が書いた考察を互いに見合うようにした。同じ実験内容で同じ実験結果を見ているにも関わらず，異なる考察になっている場合には，結果のどこに着目したのか，またどのように考えたのかを話し合わせた。ただし，

どちらが正しいかを決めるためではなく，思考の過程を振り返ることが目的であることに留意させた上で話し合いをさせた。次に別のグループのメンバーと話し合う場面を設けた。異なる実験を行ったメンバーと結果及び考察を見合うことによって，自身のグループが行った実験が，「目的を達成するために十分な方法で行うことができていたか」や「実験から得られた結果が妥当であったか」などを確認させ，PowerPoint に実験のまとめを記述させた。まとめの項目は，「実験結果，結果から導き出される考察，実験の反省」とした。実験の反省については，単なる感想文にならないよう，「温度を測り始めるタイミングを統一することができていたか」や，「温度の計測に用いた温度計の扱い（1分ごとに差し込むのか，ずっと差し込んでおいて1分ごとに温度を読み取るのか）は適切であったか」など，実験の過程について振り返るようにさせた。

実験の反省の項目については，これまでも探究の過程や実験方法の妥当性などについて考えさせることで，その後に行う探究的な活動に生かすように心がけさせてきた。しかし，探究的な活動の中でいざ実験方法について考える際には，実験道具は何を使うか，実験の手順をどうするかということばかりに集中してしまい，「温度計を入れるタイミングはいつにするのか」といった手順の中に含まれる実験の技能について考えられていなかったり，「実験の目的が○○だから，今回の実験方法はこちらの方が妥当である」というような見通しをもった上での判断ができていなかったりする生徒が多いのが実状である。そのため，最初の課題を解決した後，次の課題を解決するための実験を考える際には，自身の記述した実験の反省を見返すように促した。この点に関しては，今後も継続して指導をしていく必要があると感じられる。

（神谷　紘祥）

[資料]　資質・能力育成のプロセス（12 時間扱い）

次	時	評価規準	【 】内は評価方法 及び Cと判断する状況への手立て
1	1	態　課題に対して自分の考えを表現しようとしている。（○）	【記述の確認】 C：生活経験を基に，どのような疑問があるか考えさせる。
2	2 ― 12	【課題1】 思　見通しをもって課題を解決する方法を自分なりに立案している。（○） 知　実験結果を分析しやすいように，グラフで表すことができる。（○◎） 態　実験の過程を振り返り，自身のよかった点や改善点を分析し，今後の探究活動に生かそうとしている。（○◎） 思　実験から得られた結果を分析して解釈し，使い捨てカイロが発熱する原因について考察している。（○◎） 【課題2】 知　電子てんびんなど，実験器具を適切に安全に使用することができる。（○） 思　実験結果を分析して解釈し，化学反応により鉄が酸素と化合し，質量が増加したり，性質が変化して異なる物質になっていたりすることを見いだしている。（○◎） 【課題3】 知　ガスバーナーや電子てんびんなど，実験器具を適切に安全に使用することができる。（○） 知　実験結果を分析しやすいように，グラフで表すことができる。（○◎） 思　実験結果を分析して解釈し，金属と化合する酸素の質量には限界があり，質量の割合が決まっていることを見いだしている。（○◎） 【最終レポート】 知　探究してきたことを基に使い捨てカイロを捉え，化学変化などの現象を理解している。（◎） 態　探究の過程を振り返り，課題の解決のために重要なことが何かを考えようとしているとともに，TOFYなど今後の学習に生かそうとしている。（○◎）	【ワークシートの記述の確認】 C：これまでの学習を振り返らせ，課題解決に応用できそうな実験の方法がないか考えさせる。 【ワークシートの記述の確認・分析】 C：最初に，実験結果を表でまとめてからグラフに表現させる。また，どのような形状のグラフが分かりやすいか考えさせる。 【発言の確認】【ワークシートの記述の分析】 C：同じ実験を実施したメンバーと実験の過程を振り返らせる。 【ワークシートの記述の確認・分析】 C：実験結果を分析するための考え方（比較や分類）を再度確認し，結果を振り返らせる。 【行動の観察】 C：教科書やワークシートを見返させ，安全に実験が進められるよう，使い方を確認させる。 【ワークシートの記述の確認・分析】 C：実験結果を分析するための考え方（比較や分類）を再度確認し，結果を振り返らせる。 【行動の観察】 C：教科書やワークシートを見返させ，安全に実験が進められるよう，使い方を確認させる。 【ワークシートの記述の確認・分析】 C：最初に，実験結果を表でまとめてからグラフに表現させる。また，どのような形状のグラフが分かりやすいか考えさせる。 【ワークシートの記述の確認・分析】 C：実験結果を分析するための考え方（比較や分類）を再度確認し，結果を振り返らせる。 【ワークシートの記述の分析】 C：ワークシートを見返させ，各実験の結果や考察を振り返らせることによって，探究してきたことに関連する知識を構造化させる。 【ワークシートの記述の確認・分析】 C：他者のレポートと自身のレポートを比較させ，自身の探究の過程を振り返らせる。

主たる学習活動	指導上の留意点	時
【単元を貫く問い】使い捨てカイロを徹底解剖する。 ・個人で化学カイロについての疑問を挙げる。 ・個人の考えをグループで共有し，ホワイトボードに疑問を書き出す。 ・各グループで出た疑問をクラス全体で共有する。 ≪予想される疑問≫ ・火も電気も使わないのに，なぜ温かくなるのか。 ・なぜ，勝手に温かくなくなるのか。 ・温度をもっと上げるためにはどうするか。 ・使用後のカイロが固まるのはなぜか。　　など ・整理された疑問を基に，課題を整理する。	・生徒が「そういえば，なんでだろう？」「考えてみよう」と思えるような導入をする。 ・実物をグループに一つずつ配付し，当たり前に使っているものに対して課題を発見させる。 ・課題ごとに考察をまとめていき，単元末に振り返ることができるよう，ポートフォリオを工夫する。 ・「カイロが温まるのはなぜか」という疑問に対して，「つまりそれはどういうこと？」など，何を調べれば，疑問が解決されるのかを考えさせるような問いかけをする。	1
【課題1】使い捨てカイロがなぜ発熱するのか調べよう。 ・カイロの包装を見て，中に入っている物質を調べる。 ・どの物質が原因で発熱するのかを調べる実験方法を考える。 ・簡易的な使い捨てカイロを作って，温度上昇の仕方を測定し，原因となる物質を明らかにする。 **【課題2】使い捨てカイロが発熱するとき，鉄粉にどのような変化が起きるのかを調べよう。** ・実験を行い，発熱することによって，鉄粉にどのような変化が起きるのかを調べる。 **【課題3】使い捨てカイロの発熱が終わるのはいつなのか，調べよう。** ・鉄粉が発熱しなくなる原因を考える。 ・実験を行い，鉄と化合する酸素の質量には限界があり，割合が決まっていることを理解する。 **【最終レポート】使い捨てカイロを徹底解剖する。** ・学習を振り返り，単元を貫く課題についてマインドマップ形式でレポートをまとめる。 ・他者とレポートを見合う。 ・必要に応じてレポートを修正する。	・1年時の対照実験を想起させ，どのように条件を変化させることが，課題解決につながるかを考えさせる。 ・班ごとに実験する物質を変えることで，クラス全体で一つの実験結果を得るようにする。 ・「木炭の有無」「鉄粉の有無」などの条件ごとに分類させ，結果を比較させることにより，考察を導き出すことができるようにする。 ・色，質量，鉄としての性質など，着目するポイントを確認してから実験を行うようにさせる。 ・鉄が酸素と化合することを実験動画によって理解させる。 ・TPCを用いて実験の映像を記録させたり，結果を表にまとめさせたりすることによって，反応の前後を比較しやすくさせる。 ・発熱する理由が酸素との化合であることを振り返らせ，仮説を立てさせた上で実験させる。 ・使い捨てカイロについて探究してきた過程を振り返らせ，探究をする上で大切だと感じたことを記述させる。 ・発熱する理由や発熱が止まる理由など，実験の結果を振り返らせ，レポートを書かせる。 ・他者のレポートを見て，自身のレポートを修正することを可とする。 ・他者からのアドバイスを受けて加筆，修正した箇所については，後から見返したときに分かるようにさせておく。	2 - 12

理科実践例②

1 単元を通じて実現を目指す「学びに向かう力」が高まっている生徒の姿

課題に対して，他者の意見を取り入れながら，科学的な根拠を基に適切な実験方法を粘り強く練り上げ，妥当性や再現性のある実験を実践する姿。

2 単元について

日常生活とかけ離れた壮大な宇宙をイメージすることは難しく，現代の科学をもってしても明らかにされていないことが多い。一方で，スケールが大きい宇宙にある星々にも，地球で働いている法則が同様に当てはまり，天体の動きなどは予測することができる。しかし，本単元では室内での再現や実験が困難な場面が多く，巨視的な世界がイメージしにくいため，苦手に感じている生徒も多い。そこで，実際の観測データや関連資料を調べることを通して，普段見られる夜空の星々も規則性をもって動いているという事実と関連付け，生徒の興味・関心を高めていきたい。また，得られたデータや情報から結果を考察し，検証可能な仮説を立て，それを検証するためのモデル実験を立案させ，天体の動きを時間的・空間的な見方で捉えられるようにしたい。

3 「学びに向かう力」を高めていくための観点別学習状況のあり方

(1)「知識・技能」の指導と評価

月の見え方と金星の見え方は同じような考え方で理解できる。月の見え方を学習してから金星の見え方を考えると，月とは違い金星は地球から見た見かけの大きさが変わることや，観測する時刻や方角が限定的になっていくという違いがあることに気付く。個人で思案しながら，班活動を通して自身の中で獲得した知識が構造化されていくようにするとともに，モデル実験を行うことにより，自然事象に関する概念や原理・原則の基本的な理解，観測データと実験結果の比較などから科学的に探究する技能を身に付けさせたい。評価をする際は，課題に対するレポートの記述内容から，知識や技能がどの程度身に付いているかを見取る。

(2)「思考・判断・表現」の指導と評価

月の見え方のモデル実験を計画して実践することにより，観察者の視点を移動させ，月と地球の関係を俯瞰するように空間的な見方で捉えることができるようになると考えた。班で観察データや資料を分析して解釈し，根拠を基に導き出した考えをモデルで表現することを通して，自分の言葉で表現できているか，事象を空間的に捉えられているかを話合いの様子やワークシートの記述から見取っていく。また，考案した実験による結果を共有することで，探究の過程における思考や判断の妥当性を検討させ，そこでの気付きなども丁寧にフィードバックしていく。

(3)「主体的に学習に取り組む態度」の指導と評価

「月」という共通のテーマの中で，自分たちが疑問に思っていることや，小学生が疑問に思いそうなことを挙げ，各班で課題を設定しモデル実験などで検証していく。そのことから，普段の生活の中でも探究の過程を通して疑問を解決していけるようになってほしい。そして，何気なく見る月に対して，「どうしてそうなっているのか」という疑問を解決への意欲につなげてほしい。本単元では小学生の疑問に答える形で授業を展開し，自分が疑問に思った部分や理解が曖昧な部分を答えられるような形にした。また，発表の内容

を考慮して，教師からの質問内容を変えていくことで，より生徒の実状にあったものに近づけるように意識した。評価は，課題に対する最初の考えと解決後の考えとの比較から，試行錯誤した自身の探究の過程を価値付けさせ，その記述を基に分析を行う。

4　授業の実際

　課題は，生徒たちが「月」に対して疑問に思っていることから整理して決めさせた。特に，満ち欠け，日食・月食，クレーターについての疑問が多かった。疑問を共有する中で，「どのように実験すれば疑問が解決できるのか」という会話が自然と生まれていたため，班で話題の中心になったことをできるだけ課題にするように助言し，各々の課題に対する実験方法の立案に取り組ませた（**図1**）。中には，実際に実験を行って検証するのが難しい計画や，準備することが困難な計画などもあった。例えば，ある班では月のクレーターの形成過程を検証するため，真空状態を再現して条件をより現実に近づけようとした。そこでその班には，「課題に対して妥当性があるか」「再現性や客観性があるか」という生徒同士のやり取りや，教師からの声かけを基に再考を促した。その結果，計画はクレーターの跡に絞ったものへと練り直されていた。こうした取組により生徒たちは，最も追究したいことを明確にするには，共通した視点をもって課題を共有することが重要であることに気付くことができた。

図1　実験計画を練る様子

図2　再考する様子

　月の見え方に関しても，班によって様々な課題設定，実験方法が考えられた。例えば「南半球に住んでいる人たちは，月がどのように見えるのか」「月から見ると地球はどのように見えるのか」などである。各班の課題や実験結果を共有することで，生徒たちはそれらを相互に関連させながら知識を更新し，学びを深めることができた。

　更に，作成した動画を班同士で見せ合う際には，「言葉をかみ砕いていかないと理解できないかもしれない」と感じた班もあり，自身の実験などを振り返りながら言葉を選び直していた。また，「小学生だったらこういう疑問をもちそう」など，他者意識をもった発言なども多く挙がった（**図2**）。

　実験観察シートを用いて実験の計画を行い，思考の変容が分かる形にしたことで，生徒たちは自分がどのような学びの軌跡をたどったかを把握することができていた。実験を計画立てる上で妥当性と客観性を向上させることは，科学的な根拠に一層の充実が得られるため，今後も生徒の探究の過程が可視化されるような工夫について追究していきたい。一方で，「小学生」と言う対象を意識しすぎている班もあり，学習課題の提示のタイミングについて考えさせられた。また，充実した探究活動を行うには，多くの時間を要してしまうため，状況に応じて個人で行う活動と班での活動を分けたり，簡素化を図ったりしていくことも重要であると考える。

（中畑　伸浩）

次	時	評価規準	【　】内は評価方法 及び Cと判断する状況への手立て
1	1 — 2	知　小学校で身に付けた知識を問題解決の方法などに活用している。また，課題を設定する際に，資料などを効果的に活用している。（○）	【行動の確認】 C：日常生活に関連した具体的な現象を連想させる。
		態　月に関して分かっている知識と疑問を整理して分類し，班の課題の決定に意欲的に関わり，実験することによって検証が可能かどうかを，根拠を基に考えようとしている。（○◎）	【行動の確認】【ワークシートの記述の分析】 C：ワークシートに記述した疑問からテーマになりそうなものを選択させ，実験が検証可能かどうかを考えさせる。
2	3 — 5	思　見通しをもって実験方法を立案し，課題を解決する方法が説明できる。また，他の人からの意見を踏まえて自分の考えをよりよいものに改善している。（○◎）	【行動の確認】【ワークシートの記述の分析】 C：モデル実験の計画や結果を振り返らせ，論理的な説明になっているか推敲させる。
		知　課題の解決のためにスケール感を意識したモデル実験などを行い，結果を的確に記録，整理している。（○）	【ワークシートの記述の確認】 C：モデル実験の視点を確認させ，実験計画や結果を振り返らせ，予想に対してどう違っているのか確認させる。
3	6 — 8	態　課題①以降学んだ知識を生かして，課題②について自ら進んで考えようとしている。（○◎）	【行動の確認】【ワークシートの記述の分析】 C：時間的・空間的な視点でモデル図を用いて，月とどう違うのか確認させる。
		知　月や金星に関する観測，モデル実験などを通して，月や金星の公転と見え方についての概念を理解している。（◎）	【ワークシートの記述の分析】 C：課題①で分かったことを整理させ，金星と何が違うのかを明確にさせ，自分の言葉で述べさせる。
		思　月で得た知識を関連付けながら，金星に関する課題の解決方法について説明している。（○◎）	【行動の確認】【レポートの記述の分析】 C：月と金星の共通点と相違点に着目させ，質問者の立場を考え，どこが分かっていないのかを確認させる。

主たる学習活動	指導上の留意点	時
課題の把握＆発見 ・学びのプランの確認をする。 ・アポロ11号の偉業や，月は時刻とともにどのように動いて見えたかを考える。 【課題①】「小学校から，『理科の講座を行ってほしい』とオファーをもらいました。講座のテーマは『月』です。小学生が今日にでも実践でき，興味をもってもらえるようなオリジナル理科講座を考えましょう。ただしコロナ禍なので映像を流すような形にしてほしいそうです。時間は5分間です。」 ・改めて月について，知っていること（小学校での学習など）や疑問を挙げ，班内で集約する。集約したものを分類し，まとめ，班の課題を設定する。	・地球から見える月の様子や動きに関して疑問を挙げさせる。 ・小学校の既習事項を確認する。分からない場合は簡単な模式図を書かせるなどし，時間的・空間的な視点で考えるように促す。 ・講座の中でモデル実験が入るように促す。また説明一辺倒にならないように留意させる。 ・知っていること，分からないことや疑問に思っていることを意識的に区別させる。班の課題は自分たちの疑問を基に設定させる。	1 ｜ 2
課題の追究 ・班で挙げた課題に対しての解決方法を個人で考える。ワークシートを用いて，実験方法や準備物を整理する。 ・個人で考えた実験案を班で共有する。 ・個人で考えた案に対して，再現性やスケール感があるかを意見交換し，ワークシートに意見を書き込む。 ・班で実験計画を精選したものを他の班に発表し，実験計画の改善を図る。 ・モデル実験を実施し，実験の結果を分析して解釈する。	・実験をすることで課題を明らかにできるか見通しをもって計画させる。また，ワークシートに個人の実験計画と他者の意見を書くようにし，比較検討するように促す。 ・実験方法に妥当性や再現性，スケール感があるか机間指導しながら確認する。空間的・時間的な見方を意識させる。 ・TPCを利用し動画や写真を撮影させる。常にデータは共有させ，記録として保存させる。	3 ｜ 5
課題の解決＆新たな課題 ・他の班を小学生と見立てて発表する。発表後，分かりやすかったところと，分かりにくかったところを伝え合い，意見交換し改善する。その後，改めて小学生にどのように伝えればよいかをクラス全体で検討する。 ・課題ごとに月についてのノートを作成する。 【課題②】「好評だった理科講座。その後，小学校の生徒から質問がきています。質問に丁寧に答えていきましょう。返答はデータで送り，印刷して掲示したいと思っています。」 　　質問①　金星も月と同じように満ち欠けすると聞いたのですが，本当ですか。 （質問②　生徒から出た質問を挙げる。） ・月以外の星について考える。 　例：月と金星では何が違うのか考え，モデル図を使い説明できるようにする。 ・個人でWordにまとめ，班内で発表する。	・発表する際の視点として，再現性やスケール感があるかどうか，また根拠を基にモデル実験ができているのかを見取るように促す。 ・小学生も読むことを意識させ，必要な情報を精選させる。また，モデル図などをつくらせ，見やすさを意識したまとめをさせる。 ・新たな課題が出てこない場合は教師から発問する。その際，班の課題や疑問に応じて質問を変更する。質問②に関しては発表後に，クラス全体で共有する必要性のあるものを検討してから挙げる。 ・「月の形や位置が変わる仕組み」を参考にさせて，金星と何が違うのかが分かるように整理させる。 ・発表資料をTeamsにアップし，共有する。	6 ｜ 8

音楽科

『新学習指導要領』の示す目標を基に，「評価の観点及びその趣旨」は，『改善等通知（別紙4）』において，下記の通りに示されている。

知識・技能	思考・判断・表現	主体的に学習に取り組む態度
・曲想と音楽の構造や背景などとの関わり及び音楽の多様性について理解している。 ・創意工夫を生かした音楽表現をするために必要な技能を身に付け，歌唱，器楽，創作で表している。	音楽を形づくっている要素や要素同士の関連を知覚し，それらの働きが生み出す特質や雰囲気を感受しながら，知覚したことと感受したこととの関わりについて考え，どのように表すかについて思いや意図をもったり，音楽を評価しながらよさや美しさを味わって聴いたりしている。	音や音楽，音楽文化に親しむことができるよう，音楽活動を楽しみながら主体的・協働的に表現及び鑑賞の学習活動に取り組もうとしている。

　本校音楽科では，資質・能力の高まりを支える学習指導と評価を一体化させるために，各観点について以下のように考え，実践を行った。

（1）「知識・技能」の指導と評価

　「知識」においては，個別の知識が「概念的な理解」を伴ったものとして身に付いているかを評価する。つまり，〔共通事項〕イのような基本的な知識を生かし，各領域・分野の知識を音楽的な見方・考え方を働かせながら，実感をもって理解できているかを見取る。そのためには，その授業の中心となる〔共通事項〕をしっかりと選択し，それを軸とした学習の展開を行うことが重要である。そうすることで，「何を身に付けるのか」が生徒にとって明確になり，知識の蓄積へとつながっていくと考える。また，得た知識を試行錯誤しながら活用する場面を設定することで，実感をもって習得し，「概念的な理解」へと深めていくことが可能になると考える。図1はリズムアンサンブル創作の際のワークシートである。音楽の構造をいくつか学習した上で，自分が使用する技法を選択し，その特徴を自分の言葉でまとめている。こういった問いから，思考・判断・表現するために活用する知識として身に付けられているかを質的に見取ることができるのではないかと考える。

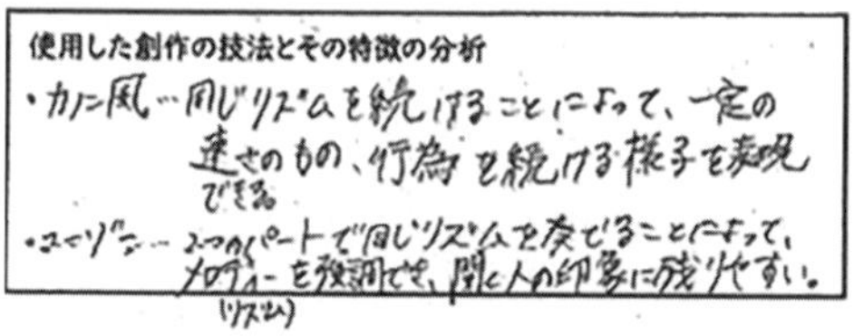

図1　〈創作〉生徒ワークシートより

　「技能」は，音楽的な見方・考え方を働かせ，曲や作品に対する思いや意図をもち，それを表現するために必要な技能が身に付いているかを評価するものである。「上手いか」ではなく，根拠となる「この技能が身に付いて（表現できて）いるか」という規準を，題材作成の際に明確にし，生徒にも示しておくことが大切である。

知識と技能のバランスに関しては，評価としての妥当なラインをさらに模索していきたい。

（2）「思考・判断・表現」の指導と評価

豊かな感性を育み，それを言語化したり他者と対話したりする中で，よりよい音楽表現を目指して創意工夫したり，その音楽や音楽文化を味わったり価値付けたりする力を評価するものである。図2は本校音楽科が考える学習のプロセスのイメージ図である。『新学習指導要領』に「関わる知識や技能を得たり生かしたりしながら」とあるように，「思考・判断・表現」は知識及び技能との往還関係を意識した

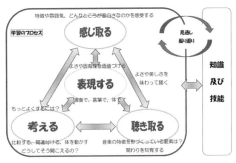

図2　学習のプロセス

評価が求められる。例えば，授業カードの振り返りの記述から，生徒が抱えている課題や考えが深まっている例などを全体に紹介し，課題に対しての解決策を知識や技能と関連付けて考えさせたり，様々なものの見方や関連付け方があることに気付かせたりするなどの活動を取り入れていくことが重要になる。また，生徒の思考が深まった様相を記録に残す際には，感想とは別にその変容を可視化

できるワークシートを用意するなど，知識や技能と関連付けながら，思いや意図をもった自分の考えの記述を蓄積できるように工夫することが必要であると考える（図3）。

図3　生徒授業カードから〈リズムアンサンブル〉

（3）「主体的に学習に取り組む態度」の指導と評価

主体的に粘り強く取り組む姿勢や，自己調整を行おうとしている様子を評価する。そのためには「一生懸命やっている」だけではなく，生徒の中に「どう改善していこうか」という気持ちと行動が伴うようになることが必要と言える。だからこそ，教師が学びに向かう生徒の姿のゴールイメージを思い描いておくことや，その姿を生徒と共有し，生徒自身もその実現に向け学習を見通し振り返れるようになることが肝要である。特に振り返りの際には，考えの変容や身に付けた力，生活との関わりについての発問を題材ごとに繰り返し行っていくことで，生徒自身にも題材との向き合い方を考える視点を身に付けさせることが可能になると考える。授業内の指導においては，何よりも生徒の観察が大切である。支援の必要な生徒を見取り，粘り強く取り組むための声かけや，セルフジャッジをするための具体的な視点を助言したり，授業カードやワークシートへの整理を促したりする。また自己調整を行うためには，試行錯誤が必要になるため，（2）で述べたような，思考の方法や視点を与える場や，途中経過での意見交換の設定などを意識的に計画していくことも重要である。

常に関連付けたり比較したりして考えることを促すことや，考えを共有する場面を設定することで，生徒の学びが深まっている様子を見取ることができた。今後は生徒がやってみたいと思える題材づくりや，誰でも見通しがもてる学習プランの手立てに加え，それを生かす具体的な言葉かけなどの支援や見取りの方法の工夫について，更に研究を深めていきたい。

音楽科実践例①

1　題材を通じて実現を目指す「学びに向かう力」が高まっている生徒の姿

　音楽を形づくっている要素が，曲を特徴付け，特有の雰囲気を生み出していることを理解しようとしたり，楽譜に着目して作曲者が意図したことを自分のこととして捉えようとしたりするなど，音楽表現の自由さと豊かさを味わいながら，根拠をもって自分が感じ取ったことを相手に伝えようとする姿。

2　題材について

　本題材では，歌曲《魔王》（シューベルト作曲）を教材として学習する。鑑賞としては長い時間取り組む中で，今回は曲に対する評価とその根拠を自分なりに考え表現することと，演奏に対する評価とその根拠を自分なりに考え表現することの二つの力を身に付けることを目標とした。《魔王》の詩の特徴を生かし，知覚と感受を結び付ける言語化を促進するために心情曲線を用い，登場人物の感情や場面の変化を共有する。そして音楽の変化がどのように関わり合っているかを役柄ごとに〔旋律，強弱，リズム〕の視点から捉えさせることで，知覚と感受の関係性を可視化していく。詩の世界観を表現した音楽のよさや美しさを感じ取る中で，知覚したことと感受したことを結び付け，自分なりに考えて表現できるようにさせたい。そして，様々な表現を比較するという点と，今後の表現活動に生かしていくという点から，曲の最後の部分の楽譜を手立てに「休符の意味（表しているもの）」や「自分だったらどう歌いたいか」を考えさせ，楽譜から読み取れる歌唱表現の可能性や，その豊かさに気付かせたい。また，歌唱表現の豊かさを味わい，自分たちの表現活動につなげていけるようにしたい。

3　「学びに向かう力」を高めていくための観点別学習状況のあり方

（1）「知識・技能」の指導と評価

　知識については，曲の内容や音楽的な特徴（感じ取った曲想や役柄ごとの心情変化と音楽を形づくっている要素の関わり）を学習する。ワークシート内で基礎的な知識がまとめられているかと，紹介文においてそれらの知識が正しく使用され，知覚と感受の根拠になっているかや，適切に関連付けができているかを評価していく。

（2）「思考・判断・表現」の指導と評価

　根拠をもって相手に感じたことを伝えるには，音楽的な見方・考え方を働かせながら，知覚したことと感受したこととの関わりについて考えたり，結び付けたりしていくことが肝要である。例えば，授業カードやワークシートによる個別のフィードバックに加え，全体へのフィードフォワードとして，思考の深まりが見られる記述を紹介して，生徒に自信をもたせたり，支援をしたりすることが効果的な手立てとして挙げられる。また，曲の紹介文をテンプレート式にすることで，理論立てて表現する力を身に付けさせることなども有効な取組と考える。

（3）「主体的に学習に取り組む態度」の指導と評価

　生徒の観察をしていくことが何よりも大事である。困り感のある生徒には，ワークシートや授業カードにコメントをしたり，対話的活動の中で，本人や周囲に声かけをしたりしていく。また，あえて課題を全体化し，解決の手立てとなりそうな考えを共有することも，粘り強く取り組むための支援になり，同時に，他生徒への認め励ます評価にもつながっていくと考える。

4 授業の実際

第1時の導入は，「物語（セリフ）が歌になっている作品を学習する」ことをあらかじめ伝え，「一人の人が歌い分けている歌曲だが，何人の役があると思ったか」と「役が変わったと思った時の理由は何か」を考えることを問いとして投げかけ，原語の音源を用いて，一通りの登場人物が出てくる約2分の鑑賞を行った。曲調の違いや歌い方，強弱の違い，間奏が入ること，伴奏の変化（リズム）といったことを生徒たちは感じ取り，役の聴き分けを行っていた。詩の内容を確認した後は，登場人物ごとの心情曲線を考えさせた。

第2時は，個人で考えた心情曲線とその理由をグループ内で発表し，意見交換を行わせた。歌詞の読み取りの深さが足りない部分や，様々な解釈が生まれていた部分は，正しい意味を伝えて共通化を図ったり，どちらも考えられるものとして共通認識を図ったりした。それを基に，役ごとに聴き取ったり感じたりした音楽表現の特徴を，心情曲線の枠の中に書き込ませ，さらにグループで共有を図り，音源を確認しながら全体化へとつなげていった。生徒は，スモールステップを踏みながら，自分たちが感じたことと授業者のまとめを知識としてつないでいくことで，実感をもって感じ取っている様子が見られた。図1は，元の自分の考えと仲間との共有を経て加えた心情曲線に，感じ取った表現の工夫を自分なりの言葉でまとめ，さらに授業者のまとめから不足部分を書き加えたものである。こうした事例を全体にフィードフォワードするとともに，知識の評価として記録に残した。

第3時は，ライヒャルト作曲の《魔王》と比較鑑賞し，別の視点からもシューベルトの音楽の特徴について考えさせた。比較することで違いに目を向けることを想定して授業を行ったが，生徒は「魔王だけ旋律が違う」ことや，「速いテンポで，リズミカル」「ずっと同じようなリズムの伴奏」などの共通点にも

目を向けていて，改めてシューベルトの《魔王》の特徴が理解できていることが分かった。また，テンプレートを用いた紹介文の作成を行い，根拠をもって書ける手立てを図った。

第4時では，「表現の豊かさを感じ，自分の言葉で音楽の魅力を伝える」ことを学習課題とした。まず最後の2小節の休符とフェルマータに着目し，表現の意図を自分なりに考えさせた。仲間との共有の場面では，考えの多様性を感じていた様子が伺えた。そして，その部分をメインとして3人の歌手による比較鑑賞を行った。全体で特徴を確認した後は，自分の好きな歌手を選び，それぞれのブースに分かれ，自由に音源を聴きながら，音楽や演奏の特徴を捉え，根拠をもって「聴いてみたい」と思わせるレビューを目指し書かせた。知覚と感受の関わりを記述内容の根拠としてまとめさせ，その後お互いのレビューを発表し合った。

今後も，表現の工夫をより感じ取るための視点を身に付けさせ，生徒が主体的に活動できる授業づくりを探っていきたい。

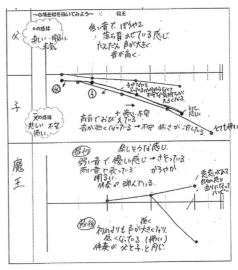

図1　生徒のプリント（第2時終了後）

（佐塚　繭子）

[資料]　資質・能力育成のプロセス（４時間扱い）

次	時	評価規準	【　】内は評価方法 及び Cと判断する状況への手立て
1	1 — 3	知　音楽を形づくっている要素や要素同士の関わり方が生み出す曲の特徴と詩の内容の関わりについて理解している。（○◎）	【ワークシートの記述の確認と分析】 C：詩の内容について教科書などを用いて確認させる。また，仲間の意見を丁寧に把握させ，特徴に気付けるようにする。
		思　旋律，強弱，リズムを知覚し，それらの働きが生み出す特質や雰囲気を感受しながら，知覚したことと感受したこととの関わりについて考えるとともに，曲に対する評価とその根拠について自分なりに考え，音楽のよさや美しさを味わって聴いている。（○◎）	【行動の観察】【ワークシートの記述の分析】 C：感じ取れたことや聴き取れたことを一つ一つ確認しながら，ワークシートへの記入を促す。具体的な根拠と結び付けられるよう，「何故そう思ったのか」と投げかけたり，作成した表と照らし合わせたりするよう声かけをする。
		態　歌詞の内容と旋律の変化の関わりに関心をもち，音楽活動を楽しみながら主体的・協働的に鑑賞の学習活動に取り組もうとしている。（○）	【行動の観察】【学習カードの確認】 C：詩の内容と表現の関わりや，朗読を通して詩の世界を表現することについて考えさせる。
2	4	思　旋律，強弱，リズムを知覚し，それらの働きが生み出す特質や雰囲気を感受しながら，知覚したことと感受したこととの関わりについて考えるとともに，演奏に対する評価とその根拠について自分なりに考え，音楽のよさや美しさを味わって聴いている。（○◎）	【行動の観察】 【ワークシート・学習カードの記述の分析】 C：仲間の意見を丁寧に把握させ，特徴についてワークシートへの記入を促す。
		態　楽譜に記された休符の表現の奥深さや，歌唱表現の豊かさに関心をもち，音楽活動を楽しみながら主体的・協働的に鑑賞の学習活動や振り返りに取り組もうとしている。（○◎）	【行動の観察】【ワークシートの記述の分析】 C：本題材の学習を振り返り，自己の変容や理解できたことを具体的に確認させる。表現の豊かさや，これからの授業との関わりについて考えさせる。

主たる学習活動	指導上の留意点	時
【課題1】詩の内容や曲想との関わりを理解し，表現の工夫について考える。 ・曲を鑑賞し，登場人物が変わった時の音楽の特徴や雰囲気について共有する。 ・リートや詩の内容について知る。 ・前奏の表現について考え，仲間と意見を交流する。 ・登場人物の心情やその変化について話し合い，意見を共有する。 ・音楽表現の特徴（作曲者の工夫）について聴き取ったことを記入する。 ・表現の工夫について共有し，まとめる。 ・表現の工夫を生かし，グループで朗読を行う。 ・グループ同士で発表を聴き合う。 ・ライヒャルト作曲の《魔王》を比較鑑賞し，シューベルトの生み出した音楽の特徴について考える。 ・自分なりに曲のよさを味わい，根拠をもって，曲の紹介文を書く。 ・それぞれの紹介文を共有する。	・原語で《魔王》の鑑賞を行い，気付いたことを共有する。 ・登場人物や物語の情景について，対話をしながら確認をしていく。 ・伴奏表現にも目を向けさせる。 ・グループ活動を適宜取り入れる。 ・感受したことと，知覚したことを結び付けさせていくことで，音楽を形づくっている要素が感じ取ったことの根拠となることを伝える。 ・表現の工夫を実感をもって感じ取らせる。 ・歌唱にとって朗読が大切なことや，それが合唱へとどのようにつながるのかについて触れる。 ・詩と音楽が一体となった曲の世界観を，確認する。 ・テンプレートになっているワークシートを用意し，根拠をもって，かつ論理立てて相手に伝えられるよう考えさせる。	1 ― 3
【課題2】歌唱表現の豊かさを感じ，自分の言葉で音楽の魅力を伝える。 ・楽譜の最後の部分を参照し，その休符が表していること（作曲者が表現したかったこと）について考え，意見を交換する。 ・自分ならどう歌いたいかを考え，仲間と意見を交換する。 ・3人の歌手による音源を聴き比べ，それぞれのよさや特徴について感じ取り，音楽を形づくっている要素を基に整理・分析する。 ・好きな演奏について批評文（レビュー）を書く。 ・班で紹介し合う。 ・学習の振り返りを行う。	・作曲者は多くの意図をもって作曲し，楽譜には，その思いや工夫が描かれていることを伝える。 ・場合によっては，休符がないヴァージョンなども歌ってみる。 ・理由を曲の特徴と結び付けるよう，助言する。 ・題材を通して身に付いた力や，表現の豊かさについて，これからの授業との関わりについてなどを視点に振り返らせる。	4

実践例①

美術科

『新学習指導要領』の示す目標を基に，「評価の観点及びその趣旨」は，『改善等通知（別紙4）』において，下記の通りに示されている。

知識・技能	思考・判断・表現	主体的に学習に取り組む態度
・対象や事象を捉える造形的な視点について理解している。 ・表現方法を創意工夫し，創造的に表している。	造形的なよさや美しさ，表現の意図と工夫，美術の働きなどについて考えるとともに，主題を生み出し豊かに発想し構想を練ったり，美術や美術文化に対する見方や感じ方を深めたりしている。	美術の創造活動の喜びを味わい主体的に表現及び鑑賞の幅広い学習活動に取り組もうとしている。

本校美術科では，資質・能力の高まりを支える学習指導と評価を一体化させるために，各観点について以下のように考え，実践を行った。

（1）「知識・技能」の指導と評価

美術科の「知識」は，具体的には〔共通事項〕の内容を示している。題材を通して〔共通事項〕を理解できるようにしていくことが大切である。ここでいう「理解」とは，事柄として知ることや言葉を暗記することにとどまらず，美術の学習の中で生きて働く知識として「実感的に理解」しているということであり，教師はその状況を見取って評価する。例えば，パッケージデザインの授業では，「目的に合わせて形や色彩，材料などを創意工夫するために必要な知識」について，教師がこういうものであると生徒に教えるのではなく，思考ツールであるKJ法などを用いた活動を取り入れ，造形的な見方・考え方を働かせ，生徒が自らその知識を獲得できるように工夫するなどがある（図1）。

「技能」は，造形的な見方・考え方を働かせ，発想や構想をしたことなどを基に表すものであ

図1　思考ツール（KJ法）を使った活動

り，「材料や用具の理解と表現方法を身に付け，創意工夫して表す技能」に関する資質・能力を評価するものである。そのため，例えば木で表現する際は「木」という材料の，水彩画であれば「水彩絵の具」という用具の理解と表現方法について，体験したことを基に，自分の主題に沿って創意工夫して表せるように，生徒に材料や用具を試す時間を確保してあげることが重要となる。「技能」は制作が進むにつれて作品に現れてくるので，制作の途中と完成作品から評価する。

（2）「思考・判断・表現」の指導と評価

　「発想や構想」に関する指導においては，振り返りの時間を毎時間設けたり，グループワークによる対話的な学習の時間を確保したりすることで，自己評価や相互評価の機会を充実させた構成となるように授業デザインを行っている。「発想や構想」は，制作が進む中で徐々に具体的な形になり，更にそこから深まることも多いため，アイデアスケッチの段階などで一度評価し，制作途中や完成作品からも再度評価する。アイデアを生み出すことについては，スケッチにとどまらず，学年が上がるにつれマッピングや箇条書きなども含めた幅広い方法を活用しながら進められるようにしている。そうすることで，自分に合った思考方法を授業の中で模索できるようにしている。また，思考のプロセスを可視化するためにワークシートを用い，これに教師からのフィードバックを記入し，次の時間に向けた生徒の学習改善を促している。ただ，この方法は一人一人に寄り添えるところは利点であるが，題材の中で何度も行うことは時間的に難しい面もある。効果的なフィードバックやフィードフォワードについて，今後も様々な方法を試していきたい。

（3）「主体的に学習に取り組む態度」の指導と評価

　この観点には，発想や構想を練ったり，意図に応じて工夫して表したりする表現の学習に取り組もうとする態度と，見方や感じ方を広げたり深めたりする鑑賞の学習に取り組もうとする態度がある。

　表現活動においては，試行錯誤を繰り返して粘り強く取り組んだり，自分の主題に沿ってよりよい表現を目指して構想や技能を工夫・改善したりしていく姿を捉えながら指導と評価を行う。その際，制作中の様子はもちろん，作品，毎時間の活動の振り返りの記述など，多様な活動を通して多面的な評価を心がける。

　鑑賞活動においては，作品などから造形的な視点を活用して作者の心情や表現の意図と工夫を考えようとしたり，見方や感じ方を広げたり深めたりしようとしている姿を捉えながら指導と評価を行う。その際，活動中の様子とワークシートの記述から生徒の取り組む姿を読み取り，適切なフィードバックへとつなげる。

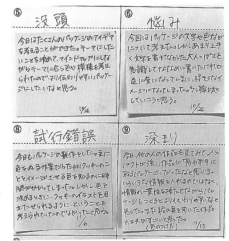

図2　学習シートの振り返り

　昨年度から，題材の学習内容とポイント，その中で育成を目指す汎用的なスキルを表にまとめた学習シートを用いて，題材に入る前に生徒と共有している。また，生徒に毎時間の振り返りを付箋に書かせ，学習シートに貼らせることによって，目標に向かって繰り返し表現し，学習を改善しようとしているかどうかを見取ることができるようにしている。気付きや学びが多いと感じた場合は緑色の付箋で，困り感が多いと感じた場合はオレンジ色の付箋で振り返らせることで，生徒が自分の気付きや変容を認識したり，教師の助言を生かしたりして，学習を調整しながら取り組めるようになることが期待できる（**図2**）。

　また，生徒がもう一度自分の主題に立ち返れるように，授業の冒頭で既習事項を確認させたり，他の生徒の思考のプロセスや取組について紹介したりして，題材の目標を再確認できる場面を設けている。生徒が目標に向かって粘り強く取り組めるように支援していくことが必要である。

美術科実践例①

1　題材を通じて実現を目指す「学びに向かう力」が高まっている生徒の姿

　伝達のデザインの調和のとれた洗練された美しさなどを考えながら，商品の魅力が伝わるパッケージデザインに取り組み，生活や社会を豊かにする伝達のデザインについて考えている姿。

2　題材について

　本題材では，生徒一人一人が Fy デザイン事務所のデザイナーとなって，教師が用意した３種類の依頼書から１種類を選び，それを基にパッケージをデザインする。鑑賞では，パッケージに込められたコンセプトや伝える相手を意識したデザイン，情報の効果的な配置などについて，KJ 法やレーダーチャートなどを用いて分析することで，考えを深められるようにしていきたい。また，編集作業が容易な TPC を用いて，情報を分かりやすく伝えるための練習を行う。出来上がった作品を用いて，「Fy デザイン事務所〜思わず手に取るパッケージコンテスト2020〜」と題したコンペを実施し，代表作品を選んで展示する。

3　「学びに向かう力」を高めていくための観点別学習状況のあり方

（1）「知識・技能」の指導と評価

　人に情報を分かりやすく美しく伝えるためには，形や色彩，材料の性質とそれらが感情にもたらす効果や全体のイメージを客観的な視点で考えることが大切となる。そこで本題材では，実際に流通している商品の鑑賞を通してパッケージに必要な要素や情報を分かりやすく伝える上で大切なことを客観的に考え，目的に合わせて形や色彩，材料などを創意工夫するために必要となる知識を，実感を伴いながら獲得していくことを目指す。技能については，これまでの学習を振り返らせ，意図に応じて表現方法を創意工夫し，見通しをもって表現できるようにする。そのために，ワークシートや学習シートによる振り返りを活用し，造形的な視点から考えられるように促していく。

（2）「思考・判断・表現」の指導と評価

　本題材では，商品の魅力を伝えるために，形や色彩を工夫しながら情報を分かりやすく美しく配置することについて考えさせたい。パッケージの要素や情報を伝える上で大切なことを造形的な視点から根拠をもって考えられるようにするために，本題材では思考ツールを用いる。そうすることで，たくさんの情報から美しく効果的に伝える上で必要な条件が整理され，それらを基に豊かな表現ができるようになることが期待できる。また，発想の段階では，アイデアスケッチやマッピングなど幅広い方法から選択して進められるようにすることで，自分に合った思考方法を模索できるようにする。教師はこの段階で一人一人のワークシートにコメントを行い，次の時間に向けて生徒が思考を深められるように支援する。また，グループワークによる対話的な学習の時間を確保し，客観的な視点を意識させながら学習に取り組めるようにする。

（3）「主体的に学習に取り組む態度」の指導と評価

　本題材では，作品制作に入る前にレイアウトについて考える場面を設ける。その際，試行錯誤を繰り返し粘り強く取り組めるよう，編集作業が容易な TPC のアプリを利用して効率的に行わせる。そうすることで，同じもので構成されていてもレイアウトによって感

じるイメージが違うことや，多様なデザインがあることに気付かせ，それを自分の制作への意欲の高まりへとつなげさせたい。

また，毎時間に行う振り返りを確認して気付きなどを全体共有したり，困っている生徒には個別に指導したりして，自らの学習を調整しようとする機会を多く与えられるようにする。

4　授業の実際

第1次では，商品の魅力が伝わるパッケージデザインにはどのような要素があるのかをKJ法を用いて考えさせた。生徒たちは様々なパッケージを造形的な視点を働かせながら鑑賞し，工夫されていると思ったことをたくさん付箋に書いてグループで共有して，それらの情報を整理することができていた。

次に，この活動から得た気付きを基に，パッケージデザインに欠かせない要素を全員で考えさせ，それをレーダーチャートの観点とした。自分たちが持参したパッケージをその観点に照らして評価する活動では，視点が定まったことにより，生徒たちは明確な根拠をもってパッケージを鑑賞することができていた。

第2次では，TPCで情報のレイアウトの練習を行い，クラウド上にデータをアップロードして共有させた。編集作業が容易なため，生徒は試行錯誤を繰り返しながら納得がいくまで考えることができていた。クラウド上でデータを共有したことで他クラスの作品を見ることもでき，様々な作品から，情報を分かりやすく，美しく伝えるためのレイアウトの工夫について考えを深めている様子がうかがえた。次に，ここまでで得た知識が概念的な理解を伴ったものとして身に付いているのかを確かめるために，「情報を分かりやすく伝える上で大切なこと」を考えさせた。生徒からは「伝えたいことを明確にして，それに沿った色，字体，デザインにすることが重要」「余白について考えることが大切」などの発言が挙がった。それらを意識しながら，教師が用意した3種類の商品の依頼書から1種類を選び，アイデアスケッチを行わせた。その際の思考方法は，生徒が自分に合った方法を模索できるように，マッピングや箇条書き，絵などを含めた幅広い方法から選べるようにした。また，この段階で一人一人のワークシートにフィードバックのコメントと，次の時間に向けて生徒が思考を深められるようにするフィードフォワードとしてのヒントを書き込んだ。生徒はコメントや生徒同士でアドバイスし合ったことを基にアイデアを再考していた。

授業中の様子や振り返りを確認したところ，自分の表現したい思いがなかなか表せず困っている生徒もいたため，自分の意図に合った表現ができるように既習事項を思い出させる声かけを行った。また，制作の中盤で，クラス全体に今までの鑑賞活動などを振り返らせたり，何度も文字の形を吟味している生徒の姿や思考のプロセスを紹介したりした。こうした働きかけにより，もう一度自分の主題に立ち返り，粘り強く表現していこうとする姿が見られた。

第3次の鑑賞では，レーダーチャートを用いながら根拠をもって，作者の心情や表現の意図と創造的な工夫などについて考えられていた。コンペにおける投票で選ばれた代表作品は，プロジェクターで投影し，作者にコンセプトを発表してもらい，その後，展示した。

生徒の振り返りでは，「デザインは見る人の印象や心情を変えることができる」「デザインは人と人とのコミュニケーションになり，普段の生活を少しでも華やかにする力があると思う」などの記述があり，伝達のデザインについて深く考えられている様子が見受けられた。

（元山　愛梨）

次	時		評価規準	【　】内は評価方法 及び Cと判断する状況への手立て
1	1 ― 2	知	形や色彩，材料などの性質及びそれらが感情に もたらす効果や，造形的な特徴などを基に，全 体のイメージで捉えることを理解している。 （○）	【行動・ワークシートの記述の点検】 C：パッケージの色や形，全体のイメージか 　ら考えるように促す。
		思	伝達のデザインの調和のとれた洗練された美し さなどを感じ取り，作者の心情や表現の意図と 創造的な工夫などについて考えるなどして，美 意識を高め，見方や感じ方を深めている。（○）	【行動・ワークシートの記述の点検】 C：レーダーチャートの観点を基に，パッ 　ケージを読み取るように促し，そう考え 　た根拠を考えさせる。
		態	伝達のデザインの調和のとれた洗練された美し さなどを感じ取り，作者の心情や表現の意図と 創造的な工夫などについて考えるなどの見方や 感じ方を深める鑑賞の学習活動に取り組もうと している。（○）	【行動・ワークシートの記述の確認】 C：実際のパッケージを触らせ，気が付いた 　ことを付箋やレーダーチャートにメモを 　とるように促す。
2	3 ― 9	知	形や色彩，材料などの性質及びそれらが感情に もたらす効果や，造形的な特徴などを基に，全 体のイメージで捉えることを理解している。 （○◎）	【行動・ワークシートの記述・作品の確認】 【ワークシートの記述・作品の分析】 C：主題を確認させ，資料集などを参考に考 　えさせる。
		技	材料や用具の特性を生かし，意図に応じて表現 方法を創意工夫したり，制作の順序などを総合 的に考えたりしながら，見通しをもって創造的 に表している。（○◎）	【行動・ワークシートの記述・作品の確認】 【ワークシートの記述・作品の分析】 C：材料や用具を試しながら，それぞれの特 　質を理解できるように支援する。他の生 　徒の制作のプロセスを紹介する。
		思	商品の魅力を伝えるため，伝える相手や内容， 社会との関わりなどから主題を生み出し，情報 の効果的な配置や，分かりやすさと美しさなど との調和を総合的に考え，表現の構想を練って いる。（○◎）	【行動・ワークシートの記述・作品の確認】 【ワークシートの記述・作品の分析】 C：情報の分かりやすさなどを見る側の視点 　になって考えるように促す。
		態	美術の創造活動の喜びを味わい，主体的に主題 を生み出し，情報の効果的な配置や，分かりや すさと美しさなどとの調和を総合的に考え構想 を練り，意図に応じて創意工夫し見通しをもっ て表したりする表現の学習活動に取り組もうと している。（○◎）	【行動・ワークシート及び学習シートの記 述・作品の確認】 【ワークシート及び学習シートの記述・作品 の分析】 C：どのような要素があれば商品の魅力が伝 　わるのかなどの思考を促すような問いか 　けをする。
3	10	知	形や色彩，材料などの性質及びそれらが感情に もたらす効果や，造形的な特徴などを基に，全 体のイメージで捉えることを理解している。 （◎）	【ワークシートの記述の分析】 C：作品の色彩や形，材料などからどのよう 　なイメージを感じるかについて考えさせ 　る。
		思	伝達のデザインの調和のとれた洗練された美し さなどを感じ取り，作者の心情や表現の意図と 創造的な工夫などについて考えるなどして，美 意識を高め，見方や感じ方を深めている。（◎）	【ワークシートの記述の分析】 C：レーダーチャートの観点を基に，パッ 　ケージを読み取るように促し，そう考え 　た根拠を考えさせる。
		態	伝達のデザインの調和のとれた洗練された美し さなどを感じ取り，作者の心情や表現の意図と 創造的な工夫などについて考えるなどの見方や 感じ方を深める鑑賞の学習活動に取り組もうと している。（◎）	【発言・ワークシート及び学習シートの記述 の分析】 C：作品の情報の分かりやすさや配置など， 　見る側の視点から感じたことを箇条書き 　で書かせる。

主たる学習活動	指導上の留意点	時
・学習シートで本題材の見通しをもつ。 ・本題材の学習課題を確認する。 【課題】 Fy デザイン事務所のデザイナーになり，商品の魅力を伝えるパッケージをデザインしよう！ ・様々なパッケージを鑑賞し，商品の魅力が伝わるパッケージデザインにはどのような要素があるのかをKJ法を用いて考え，共有する。 ・パッケージデザインについてのレーダーチャートの観点を全員で決める。 ・身近なパッケージを持ち寄り，レーダーチャートを用いて評価する。	・本題材の学習の流れと，テーマ，目標を確認して，今後の活動に見通しをもって取り組めるように声をかける。 ・パッケージをよく観察させ，気が付いたことを単語で付箋に書かせる。似た単語の付箋をまとめ，そのグループに名前を付けさせる。 ・パッケージデザインにはどのような要素が大切なのかを全員で話し合って決めさせ，レーダーチャートの観点とする。 ・レーダーチャートの各観点の評価に根拠を書かせる。	1 │ 2
・パッケージのレイアウトをTPCで練習して，クラウド上の SharePoint（Microsoft Office365のサービスの一つで，グループでデータを共有できる）で共有する。 ・「情報を分かりやすく伝える上で大切なこと」を自分で考えた後にグループで交流する。 ・3種類の商品の依頼書から1種類を選び，商品の魅力を伝えるパッケージのアイデアスケッチをする。 ・アイデアスケッチを見せ合い，グループでアドバイスし合う。 ・商品の魅力を伝えるパッケージを制作する。	・伝えたいことによって構成が変化することに気付けるように促す。 ・伝達のデザインの概念について考えさせ，これからの制作に生かせるようにする。 ・マッピングや箇条書き，絵など，自分の思考しやすい方法で考えさせる。 ・客観的に見てアドバイスをさせ，自分の作品についてさらに検討させる。 ・意図に応じて表現の方法を工夫できるように，既習事項などを振り返らせながら支援する。 ・パッケージの形状については，意図に応じて考えることを認める。しかし，本題材ではパッケージの形状ではなく，情報の効果的な配置や，分かりやすさと美しさなどとの調和を総合的に考えることが目的であることを伝える。 ・3種類の型紙を用意しておく。	3 │ 9
・お互いの作品を鑑賞し，コンペを行う。 ・今までの活動を通して，「デザインは，生活や社会の課題を解決していくことはできるのだろうか。それともできないのだろうか。それはなぜか。」を考え，交流をしながら自分の考えを深める。 ・今まで書き溜めてきた毎時間の付箋を見て，本題材における教科としての学びと，社会とのつながりの中で活用される汎用的なスキルの獲得状況について振り返る。 ・代表作品を展示する。	・作品は名前を伏せて番号を付ける。自分が制作していない商品のパッケージについてレーダーチャートを用いて鑑賞し，自分が気に入った1作品について客観的にデザインのコンセプトや表現の工夫について考えさせる。商品ごとに投票をしてクラスの代表作品を決める。 ・生活や社会の中の美術の働きについて考えるために，問いについて交流をして，様々な価値観に触れさせる。自分や他者との対話を通して，自分としての意味や価値をつくり出していけるように促す。 ・今までの学習を客観的に捉えさせ，生活や他の学習とつなげていけるように促す。	10

保健体育科

実践例①〜②

『新学習指導要領』の示す目標を基に，「評価の観点及びその趣旨」は，『改善等通知（別紙4）』において，下記の通りに示されている。

知識・技能	思考・判断・表現	主体的に学習に取り組む態度
運動の合理的な実践に関する具体的な事項や生涯にわたって運動を豊かに実践するための理論について理解しているとともに，運動の特性に応じた基本的な技能を身に付けている。また，個人生活における健康・安全について科学的に理解しているとともに，基本的な技能を身に付けている。	自己や仲間の課題を発見し，合理的な解決に向けて，課題に応じた運動の取り組み方や目的に応じた運動の組み合わせ方を工夫しているとともに，それらを他者に伝えている。また，個人生活における健康に関する課題を発見し，その解決を目指して科学的に思考し判断しているとともに，それらを他者に伝えている。	運動の楽しさや喜びを味わうことができるよう，運動の合理的な実践に自主的に取り組もうとしている。また，健康を大切にし，自他の健康の保持増進や回復についての学習に自主的に取り組もうとしている。

　本校保健体育科では，資質・能力の高まりを支える学習指導と評価を一体化させるために，各観点について以下のように考え，実践を行った。

1　本校保健体育科が考える観点別学習状況の評価のあり方
（1）「知識・技能」の指導と評価
　生きて働く知識や技能の習得のために，体育分野では，運動の特性を味わわせること，保健分野では健康・安全についての理解とそれに関わる技能の習得が重要である。特に，運動の特性を味わわせるためには，種目に応じた基本的な技能を習得する必要がある。その授業デザインは，生徒の学びの履歴を把握することから始まる。単元前にアンケートなどで学びの履歴を把握し，現状に合わせて単元をデザインしていく。その際，個と集団の往還関係の中で「知識及び技能」を構築していくことを心がける（『附属横浜中』(2016)）。基本的な知識や技能の習得に時間をかけ過ぎると運動の得意な生徒は物足りなさを感じ，苦手な生徒は運動嫌いになってしまう可能性がある。生徒が活動に必然性を感じるように，活動内容を「できる―できない」の間を体験させるレベル（没頭しやすい状況）になるように工夫する必要がある。

　なお，身に付けさせたい「知識及び技能」は，例えば実際のゲームで使いこなせる知識や技能であるため，ルールや方法のレベルを段階的なものにしたり，自分でルールや方法を選べたりするような工夫を施すことが効果的だと考える。その中で，自分の動きを見本となる動き（得意な人，トップ選手，実技書など）と比較させ，知識や技能を深められるようにする。評価する際

は，動きを観察・分析（動画撮影など含む）して見取ったり，どの程度理解しているかを授業内や学習ノート，定期テストで確認したりする。

（2）「思考・判断・表現」の指導と評価

　運動や健康についての自他の課題を発見し，解決に向けて思考し判断して，他者に伝える力を養うために，あらゆる場面で，「課題（問い）」が生まれるサイクル（「見通し－活動－振り返り」）を取り入れる。多様な他者を受け入れ，認め合い，仲間と協働する中で，課題を解決していくために，「考えるための技法」と「思考ツール」などを組み合わせながら，試行錯誤させる場を設け，授業者はその様子を丁寧に見取り，価値付ける。具体的には，授業中での行動やつぶやきを注意深く見たり聴いたり，学習ノートにコメントを返したりすることなどが考えられ，その際，個の学びに寄り添いながら行うことが重要となる。個や集団で思考や判断したものを動きや言葉，文章で表現させ，分担した役割に応じた動きや課題に即した練習方法などにズレを感じた生徒やチームに対しては，個別に声をかけ，次の学習につながるように修正や改善を促す。

　全単元で取り組んでいる「学習ノート」のフォーマットは，その運動の特性や他教科を含めた生徒の学びの履歴を把握した上で検討する。そして，「マインドマップ」や「フィッシュボーン」などを取り入れ，学びの広がりや深まり，たくさんの気付きや工夫点，学びの変容などを生徒が記入しやすく，教科担当も見取りやすいものを各学年の状況に合わせて作成する。

（3）「主体的に学習に取り組む態度」の指導と評価

　協働的な学び合いの中で個や集団の現状を把握し，自分や自分たちのなりたい姿をイメージして，課題解決に向けて，「見通し－活動－振り返り」を繰り返しながら，粘り強く取り組み，調整を図ることができる授業デザインを行う。

　例えば，基本的な技能の習得やその技能をゲームの中で活用できるように，まず単元序盤で試しのゲームを行う。そうすることで，ゲームの中で必要な知識や技能，思考や判断は何かを知り，自分やチームの現状と比較して，課題の解決に向けた見通しや手立てを考えることができるようになる。教師は，その時に大きなズレが出ないようにアセスメントしながら，個々の気付きや他者へ伝えようとする姿を丁寧に観察する。また，異学年との交流授業も効果的な取組の一つである。下級生は，上級生の姿を見て「なりたい姿（あこがれ）」のイメージを具体化できたり，関わり合いの中で新たな知識や技能を身に付けたりすることができる。上級生も，下級生を観察し，これまで身に付けた「知識及び技能」「思考力・判断力・表現力等」を活用してアドバイスをすることで，自らの学びを自覚したり，新たな発見をしたりすることができる。評価は，この様子を観察したり，つぶやきを拾ったり，学習ノートの記述を見取ったりして行う。

2　今後への課題

　生徒にとって自己の学びを振り返って整理しやすい「学習ノート」の工夫を今後も追究していくことが課題である。学年ごとに学びの履歴が違う分，その内容にも工夫が必要となるため，自教科だけでなく，他教科での学びの把握も大切になる。また，自己の学びを把握しながら，課題に対して試行錯誤していることを自覚できるデザインであることも重要である。生徒の変容や成長をつぶさに見取るために，私たち教師も学び続けていかなければならない。

保健体育科実践例①

1 単元を通じて実現を目指す「学びに向かう力」が高まっている生徒の姿

　自己やチームの課題を発見し，課題解決のために仲間とコミュニケーションをとり，自己の役割を果たし，最善を尽くして運動に取り組む姿。

2 単元について

　１年生では，球技の特性や成り立ち，技術の名称や行い方，その運動に関連して高まる体力などを理解するとともに，基本的なボール操作や仲間との連携した動きで攻防することが求められる。事前のアンケートで，バレーボールの経験がほとんどないこと，仲間との連携やボールをつなぐことに意欲をもっている生徒が多いことが分かった。このことから，単元を貫くテーマを「落とさずつなぐ」とし，ボールを自分たちのコートに落とさず相手コートに返すためには，どのようなボール操作や仲間との連携が必要なのかを考えられるような授業を展開していく。

　その際，自己の課題を発見し，合理的な解決に向けて運動の取り組み方を工夫するとともに，自己や仲間の考えたことを他者に伝えることができるようになることを目指し，テーマに沿ったチームでのマッピングや，互いを見合いアドバイスする時間を設定するなど，様々な工夫を意図的・計画的に施していく。

3 「学びに向かう力」を高めていくための観点別学習状況のあり方

（1）「知識・技能」の指導と評価

　知識については，単元のはじめに実技書を用いてバレーボールの歴史やルール，技術についての確認を行う。特に技術に関しては，ポイントをキーワード化して全体共有用のホ

ワイトボードに整理し，常に見られる形にしておく。そうすることで，技術の行い方の理解や習得に役立てることができる。

　技能については，１年生ではラリーを続けることを重視し，基本的なボール操作に加え，定位置に戻るなどの動きを身に付けることを大切にしたい。W-up で行うペアでのパス練習や，TPC を活用した技能の可視化によって基本的なボール操作の定着を図る。また，ミニゲームの中で返球に備えた構えができているか，ボールを打ったり受けたりした後に相手に正対することができているかなど，動きの中での声かけを意識させる。評価する際は，活動の様子を注意深く観察するとともに，ICT を用いて記録に残したものを合わせて見取り，習得状況を確認する。

（2）「思考・判断・表現」の指導と評価

　自己の課題を発見し，基礎的な知識や技能を活用して学習課題への取り組み方を工夫したり，課題の発見や解決に向けて考えたことを他者に分かりやすく伝えたりする姿を目指す。そのため，課題の発見・解決に向けて話し合う時間を設け，そこで出た課題に対して練習方法を考え，自チームに合ったものを選び実践していけるよう指導する。その際に用いたマッピングはチームごとに掲示し，いつでも見返せるようにすることで，次の課題の設定や解決に役立てられるようにする。評価する際は，学習カードへの表出や話合いの様子，アドバイスの具体性などを見取り，記録に残す。

（3）「主体的に学習に取り組む態度」の指導と評価

　球技に積極的に取り組むとともに，作戦などの話合いに参加し，仲間の学習を援助しようとする意識付けを大切にしたい。毎時の最

初と最後の話合いでは，互いを肯定することを前提に進めることとし，例示したりマッピングの言葉を用いたりして，具体的な意見を述べられるように指導する。また，仲間と援助し合いコミュニケーションをとることが自らの能力を高め，一層の連帯感の深まりを生み出すことにも気付かせたい。生徒の活動や話合いの様子を注意深く観察するとともに，学習カードへの表出を見取り，記録に残す。

4　授業の実際

　単元のはじめに，マッピングを使用して「落とさない」ためには何が必要なのかを考えさせた。全く知らないところからお互いの今ある知識を持ち寄って予想させることで，現段階の自分たちができることの整理へとつなげた。マッピングの中には「声かけ」や「チームワーク」，「思いやり」などのキーワードが挙がり，これらのキーワードを基に毎時のテーマを与え，実現させる手立てをチームで考えさせ，実践・検証を行った。

　授業を進めていくと，チーム内で声かけを意識するだけでは「つなぐ」ことに限界を感じる生徒が出てきた。「やはり個人の技能を高めていくことが必要ではないか」という声からも，基本的な技能の習得への必要性に気付いている様子がうかがえた。その結果，全員で行っていた円陣パスからペアでのパス練習へ，ネットを挟んでの練習もポジション変化を加えながらラリーを続ける練習へと，チームでの練習に変化が現れた。

　第6時では，前時までに学んだことについて，個人のできることをピンクの付箋，できるようになりたいことを水色の付箋に書き，チームのボードに貼り出して分類し，チームにはどんな課題を抱えた人が多いのかを確認した上で，毎時のチーム練習の目標決めの手がかりとさせた（図1）。これにより，個人と仲間の課題の共有を図るとともに，チームとしての練習方法を定めることができた。そして，【個→集団→個】という形で練習を進めることで，集団でうまくいかなかった部分を振り返り，ペアでの練習に組み込んだり，ラリーの中で使える技能にするために構えの姿勢に着目したりして，練習を行う姿が見られた（図2）。

図1　課題の貼り出し　　図2　課題の共有

　4対4のラリーゲームでは，試合を行うチームに対し，そのチームの本時の目標に対する達成度を見取るチームを設定した。その際，観察側のチームには，アドバイスの視点を定め，より具体的な内容を伝えるよう促した。試合をしているチームは，多くのことに気を取られることなく，本時の目標を達成することに夢中になって取り組む姿が見られた。【ゲーム→アドバイス→ゲーム】の順で行ったことにより，互いの声かけがすぐに次の試合に生かされ，変化を実感することができていた。また，他のチームからよいところを含めたアドバイスをもらうことにより，「次はこうしよう」「もっとボールをつなごう」という粘り強く学習に取り組もうとする姿が見られた。

　本単元では，チームでの目標決めの話合いやマッピングを用いて，個人の考えていることの表出や仲間との共有をしやすいようにしてきた。このことにより，生徒たち自身が個人やチームの課題に向き合い，互いに支え合って課題解決に取り組む意識を高めることができた。単元の振り返りでは，「最初と最後の話合いによって，前時の反省や課題の共有，お互いにアドバイスをする時間をとれたことで，学びが深まった」という成長を実感している意見も見られた。　　　（三枝　菜々）

[資料]　資質・能力育成のプロセス（12時間扱い）

次	時	評価規準	【　】内は評価方法 及び Cと判断する状況への手立て
1	1│5	知　バレーボールの歴史や特性について理解している。（○）	【学習カードの確認】 C：実技書などを用いて歴史や特性について確認させる。
		知　技術の名称やその行い方について理解している。（○）	【発言の確認】 C：実技書などを用いて技術や行い方について確認させる。
		態　安全に留意して取り組もうとしている。（○）	【行動の観察】 C：周りを確認してから活動するよう声かけをする。
		思　自己の課題を発見し，練習方法を工夫している。（○）	【学習カードの確認】 C：例を挙げ，現状と比較する機会を設けたりして課題を見つけられるよう支援する。
2	6│9	技　パスやサービスなど基本的なボール操作を行うことができる。（◎）	【行動の分析】 C：ボールの落下点に手や身体を入れられるようにポイントを助言する。
		思　提示された動きのポイントやつまずきの事例を参考に，仲間の課題や出来映えを伝えている。（◎）	【行動の分析】 C：具体的に伝えられるように，どのような視点で見るべきか考えさせる。
		態　仲間の学習を援助しようとしている。（○）	【行動の観察】 C：チームの中での役割を明確に捉えられているか，声かけを行って確認する。
3	10│12	技　ボールを打ったり受けたりした後，ボールや相手に正対することができる。（○）	【行動の観察】 C：ボールをよく見て動くことを意識できるよう声かけをする。
		思　自己や班の課題を発見し，作戦を工夫するとともに，出来映えを他者に伝えている。（◎）	【学習カードの記述の分析】 C：仲間のよい動きや具体的なポイントを提示したり，現状と比較する機会を設けたりして，課題を見つけられるよう支援する。
		態　積極的に取り組み，作戦などについての話合いに参加しようとしている。（○）	【行動の観察】 C：仲間の意見を聞くだけではなく，自分の意見も述べることができるよう，教師側からも問いを投げかける。
		態　これまでの学習を通して，自己の変容や取組の工夫をまとめ，評価・改善しようとしている。（◎）	【学習カードの記述の分析】 C：これまでの学習カードの記述を見直させ，自己の改善や取り組み方の工夫を確認させる。

主たる学習活動	指導上の留意点	時
【単元テーマ】『協力！落とさずつなぐ！』 ・単元の流れや見通しを確認する。 ・バレーボールの歴史や特性，技術の名称について確認する。 【個人やチームの課題発見】 ・「落とさない」ために何が必要なのかをマッピングを用いて考える。 ・マッピングで挙がったキーワードを整理する。 ・チームの中で落とさずつなぐことを意識してミニゲームを行う。 ・ボールを落とさないための動きについて考える。 ・チームで基本のパスの練習方法について検討し，実践する。 ・落とさないためのパスを実現するための自己とチームの課題を設定する。	・安全に留意して取り組ませる。 （活動方向，用具の取扱いなど） ・単元全体の流れを説明し，最終的な目標を明確にする。 ・チームのマッピングを掲示する。 ・チーム内でアドバイスし合う際の声のかけ方を伝える。その際，「イエス・アンド」の伝え方を意識させる。 ・学習ノートには気付いたこと，工夫したことを具体的に記入するよう指導する。	1 ― 5
【チームで課題解決に向けての活動】 ・課題を付箋に書き，チームのホワイトボードに貼り出し，分類する。 ・個人やチームの課題を解決するための練習を改めて考える。 ・ボールをつなげるための動きについて考え，個人の課題と，チームの課題を基に，チームとしての目標を決める。 ・4対4のミニゲームを行う。 （つなぐためのパスや体の使い方，チームワークに焦点を当てる。） ・毎時間チーム内での振り返りを行う。	・前時までの活動を通して発見した個人の課題をチームで共有する。 ・チームの中でお互いを見合い，TPC で撮影したものを基にアドバイスし合うよう促す。 ・実技書や教師が例示した練習方法をチームに合わせて選択できるようにする。 ・ホワイトボードやクラスの掲示板を利用し，単元後半の目標，毎時のめあてや課題の共有を図る。 ・チームとしての課題解決の達成度を振り返らせ，次回に向けての課題の共有を行う。このとき，できるようになったことに着目させ，プラスの変化に気付かせる。	6 ― 9
【まとめのゲーム】 ・他チームとの4対4を行う。 →ゲームを行うチームと，観察しアドバイスをするチームに分けて行う。ゲームの前半と後半の間には必ずアドバイスタイムを設け，次の試合へとつなげる。	・ゲーム→アドバイス→ゲームの順で行う中で，もらったアドバイスをすぐにゲームに反映させるように促す。	10 ― 12

保健体育科実践例②

1　単元を通じて実現を目指す「学びに向かう力」が高まっている生徒の姿

　多様な他者を受け入れ，一人一人の違いを大切にし，それぞれの能力に合った練習計画や作戦を仲間とともに立てたり，自己の役割を果たしたりしながら自主的に活動する姿。

2　単元について

　３年生では，既習の「基本的な技能や仲間と連携した動きでゲームを展開すること」を基に，作戦に応じて必要な技能を活用しながら仲間と連携しゲームを展開することをねらいとする。また，活動への自主的な取組，作戦などについての話合いへの貢献，一人一人の違いに応じた課題や挑戦を大切にすること，健康や安全の確保などの実現を目指す。

　本単元では，バット操作，ボールやグローブ操作をゲームで使えるように互いに教え合いながら高めたり，一人一人の能力を認め，それぞれに合った作戦を立てたりして，試行錯誤しながら進めていくことが重要である。そのため，自己やチームの課題を発見し，解決に向けた気付きを伝え合い，練習方法を見つけていく場を意図的・計画的に設定する。

3　「学びに向かう力」を高めていくための観点別学習状況のあり方

（1）「知識・技能」の指導と評価

　ソフトボールの特性や魅力，技術の名称や一人一人に合った行い方，仲間と連携してゲームを展開できる知識や技能を個人とチームの往還関係の中で味わい，構築していく場をデザインする。そのために，特に技能においては，実技書や撮影した動画などを使用し，比較・検証して自己観察や他者観察を深めさせ，気付いたことを伝え合いながら互いの技能の向上へとつなげられる場を設定する。また，ボールを持たないときの動きに着目させ，実際に走者がいる実戦形式の練習を繰り返しながら，連携した守備の重要性に気付かせ，動きを身に付けられるようにする。

（2）「思考・判断・表現」の指導と評価

　トップ選手の動画を見せたり，上手くいったプレイを取り上げたりするなどして，見本となる動きを「目指す姿，なりたい姿」として意識させ，その姿に自己や他者，チームを近づけるために，仮説を立て，積み重ねてきた知識や技能を活用して，試行錯誤しながら工夫して取り組める場を設定する。その際，ベースボール型特有の"間"（プレイとプレイの間）を利用して，状況に合わせた攻撃や守備についての作戦を立てさせる。特に３年生では，自己だけでなく，チームの課題について把握し，課題を解決していく工夫ができているかが求められる。授業中の活動を観察（見る・聴く）したり，学習ノートへの記述などにコメントしたりすることで，ズレを感じた生徒にアプローチしていく。

（3）「主体的に学習に取り組む態度」の指導と評価

　学習に自主的に取り組み，多様な他者を受け入れ，一人一人の違いを認め合いながら，自己や他者，チームの課題に対して，協力して取り組むことが求められる。さらに３年生ではチームでの話合いに責任をもって関わろうとすることが要求されるため，授業者は，話合いの場に寄り添った聴き取りが必要になる。生徒自身が公正，協力，責任，参画，共生の意義や価値を認識して取り組めるように，あらゆる活動について，声かけやコメントなどで褒めたり，価値付けしたりすることで，粘り強く取り組めるようにする。

4　授業の実際（第8時）

本単元の授業デザインのポイントとして，
①個の現状把握
②既習の内容からつなぐ
③場の工夫（用具，ルール，安全面など）
④学びを工夫，調整していることの自覚化
⑤学習評価の方法（自己・相互評価，形成的・総括的など）とタイミング
とした。以上を踏まえ，「学習プラン」を作成し，生徒と共有を図った。単元を貫くテーマを「One　Team〜助け合い〜」とし，ベースボール型の特性でもある状況に応じた攻守の作戦を仲間と共に立てたり，連携プレイで助け合ったりして，共に学び合う中で，お互いに高め合えることをねらいとした。

本単元の大きな柱として，必ず出番のある個の技能「バッティング（打つ）」を試合で活用できるようにする「マイスイングの獲得→活用」と，走る・捕る・投げるという基本的な技能を活用した「状況に合わせた守備連携」の二つとした。

知識や技能を生きて働くものにしていくために，試しのゲームやティーバッティングを行い，自分やチームの現状（知識や技能など）の把握から始めた。その後，見本となる動きを実技書や動画でポイントを押さえながら確認を行った。見本を見ることで「自分のなりたい姿」のイメージができ，自分の動きとの比較・検証しながら学びを深める効果があった。その後「マイスイングの獲得→活用」を図るために，TPCを使ったり仲間と見合ったりしながら，自分の理想のスイングに近づけていった。技能レベルを「ティーにボールを置いて打つ」を最も易しいものとし，次の段階を「トスボールを打つ」，更に次の段階を「前方からのスローボールを打つ」と設定し，生徒はこの三つから自分の技能レベルに合わせて練習を行った。授業後半の試合の中でも，この三つから自分で選んでバッティングを行い，「活用」の場をつくった。

この活動と並行して「状況に合った守備連携」を身に付けるために，単にボールを捕って投げるのではなく，状況（打球やランナー，アウトカウントなど）に合わせて，様々な方向へ向いて投げるためのステップや中継やベースカバーの入り方，ランナーを想定した守備の練習など，自分たちで相互に評価をしながら，工夫して取り組んでいた。

どちらの活動も協働的な活動を通して，自己の学びを深めていくために，工夫し改善しながら調整していく過程を学習ノートに記していくことで学びを可視化し，自覚することができた。様々な場面で動画を撮影し，形成的アセスメントに使用したり，記録に残す評価に使用したりすることもできた。

課題は，授業だけでは見取ることのできないものをどう見取るかという点で「学習ノート」（図1）の工夫の必要性が挙げられる。今回は，はじめに学習ノートの中にできること（現状）を整理さ

図1　学びの整理

せ，なりたい姿を意識しながら，工夫したこと，できるようになったこと，さらに工夫してできるようになったことなどを線で結ばせたり，色を変えながら記入させたりすることで，自己の学びを調整しながら整理していく様子が確認できた。単元の特性や学びの履歴に合わせて，思考ツールなどを活用して，生徒との学びの共有（やり取り）のしやすいものを今後も追究していく必要がある。

（中山　淳一朗）

[資料]　資質・能力育成のプロセス（12時間扱い）

次	時		評価規準	【　】内は評価方法 及び Cと判断する状況への手立て
1	1 ― 2	知	技術の名称や行い方を理解している。（○）	【学習ノートの記述の確認】 C：実技書などを用いて技術や特性，学習の計画について確認させる。
		態	健康・安全を意識して取り組もうとしている。（○）	【行動の点検】 C：安全に対しての重要性を確認したり，手本や仲間の様子などを見せたりしながら理解させる。
	3 ― 7	知	技術の名称や行い方を理解している。（○）	【行動の観察】 C：技のポイントを確認し，練習方法を理解させる。
		技	安定したバット操作を行うことができる。（○）	【行動の観察】 C：基本的なバット操作について，見本となる動きと比較させる。
		思	攻防などの自己やチームの課題に応じて，練習方法を工夫し，自己や仲間の考えたことを他者に伝えている。（○◎）	【行動・発言の確認・分析】 C：つまずきなどに耳を傾け，実技書や仲間の動きなどから見本となる動きと自分の動きを比較させる。
		技	攻撃と守備のバランスのとれた攻防を展開することができる。（○）	【行動の観察】 C：見本となる動きや仲間との連携した動きを，具体的な実戦形式の練習の中で理解させる。
2	8 ― 11	知	学習した具体例を根拠に，スムーズなゲームの行い方を考えている。（◎）	【行動の分析】【学習ノートの記述の分析】 C：授業で取り組んだ内容を確認させ記入させる。ゲーム進行や審判方法を確認させる。
		態	協働的な活動に自主的に取り組み，仲間の学習を援助しようとしている。分担した役割を果たそうとしている。（○）	【行動の確認】 C：役割に気付かせ，何をするべきかを確認させる。
		思	課題解決のために工夫した点や新たに課題として出てきた点などを整理して，次につながる振り返りを行っている。（◎）	【学習ノートの記述の分析】 C：授業の取組や仲間との関わりを思い出させながら記入させる。
3	12	態	自己やチームの取組について振り返り，まとめようとしている。（◎）	【学習ノートの記述の分析】 C：授業の取組や仲間との関わりを思い出させながら記入させる。
		思	本単元の学習を振り返り，変容や成果をまとめている。（◎）	【行動の分析】【学習ノートの記述の分析】 C：学習ノートなどを振り返り，自己の変容や理解できたことなどを具体的に確認させる。

主たる学習活動	指導上の留意点	時
単元を貫くテーマ『One Team 〜助け合い〜』 ・ソフトボール選手の動画を視聴する。 ・簡易ゲーム（ティーベースボール）を通して，過去の学びを振り返り，現時点の「できること・できそうなこと」の確認を行う。（before） ・学習プランで学習の見通しをもち，自己やチームの課題について考え，今後の目標や計画を立てる。 【既習事項の確認】 ・「打つ」「走る」「投げる」「捕る」についての各基本動作をチームで確認する。	・安全面に留意しながら取り組ませる。（活動場所，活動距離，用具など） ・動画を見ることで，見本（目標）となる動きに目を向けさせ，授業に入る動機付けとさせる。 ・基本的な技能の指導の際，身体の動かし方（連動性）について伝える。	1 ― 2
【各班での課題練習】〜お互いに観察し合いながら〜 「マイスイング」を獲得し，ゲームで活用しよう‼ ・個々のレベル，体格に合った「バット操作（マイスイング）」の獲得を目指す。止まったボール→投げられたボールをねらった場所に打つ。 ・お互いに撮影し合い，自分や他者の動きの確認や比較をし合う。 ・遊び要素を含んだ活動の中で「打つ」「走る」「投げる」「捕る」という技能を高めたり，仲間と連携したりする動きの獲得を図る。 ・技能のポイント，自己やチームの課題解決方法や理解できたことを振り返り，学習ノートに記述して残す。 【ペアチームとの交流】 ・ペアチームを見て，気付いたことを伝え合う。意見を参考に再度練習を行う。	・体の連動性を意識し，自分のスタイルを見つけさせる。 ・本時のキーワード（学習ノートなどの振り返りや授業中のつぶやきから課題となる点を明確にした学びの視点）を確認させる。 ・チーム内でお互いのプレイを見合ったり，TPCを活用して可視化したりすることで，各自の現状を把握させる。 ・学習ノートには，「良い気付き」をしている生徒には褒める言葉やラインを引いたり，学習の方向性から"ズレ"を感じる生徒には，修正を促すコメントを返したりするなどして，自己の学びを自覚させ，学びが深まるように指導する。	3 ― 7
【交流戦と課題練習】 仲間と協力，連携プレイ‼ 『状況に合わせた連携』 ・ゲーム中，状況（アウトカウント，ランナーの位置など）から，その都度作戦を考える。 ・全員が楽しむことができるルールづくりを行う。 ┌ 2アウト交代・打者一巡で攻守交代 バッターは，ティー・トス・スローボールを選ぶことができる（トス・スローは攻撃側が担当） ボールやストライクのカウントは取らない └ バントはなし　　など ・自チームだけでなく相手チームも観察し，チームを越えて気付いたことを教え合う活動を行う。 ・練習とゲームを繰り返し行い，振り返りから課題を見付け，課題解決に向けた練習を行う。	・審判法（ルールや審判の動作，合図）を理解させ，スムーズにゲームを進行できるようにする。 ・課題を解決することに意識を向けさせ，勝つことだけにこだわらないようにする。 ・ゲーム後は，チームでの時間を確保し，仲間へのサポートの仕方や課題発見につながる視点について助言する。	8 ― 11
・ソフトボールの授業を通して自己やチームの成長，変化について振り返り（after），学習ノートに知識や技能，気付いたことなどをまとめる。	・単元前後で，どのような変化があったか，どのような知識や技能が身に付いたかに気付かせる。 ・仲間と協力することや課題をどのように思考し判断してきたかを整理させ，今後の学習内容や実生活に生かせるようにする。	12

実践例①

技術・家庭科【技術分野】

『新学習指導要領』の示す目標を基に，「評価の観点及びその趣旨」は，『改善等通知（別紙4）』において，下記の通りに示されている。

知識・技能	思考・判断・表現	主体的に学習に取り組む態度
生活や社会で利用されている技術について理解しているとともに，それらに係る技能を身に付け，技術と生活や社会，環境との関わりについて理解している。	生活や社会の中から技術に関わる問題を見いだして課題を設定し，解決策を構想し，実践を評価・改善し，表現するなどして課題を解決する力を身に付けている。	よりよい生活や持続可能な社会の構築に向けて，課題の解決に主体的に取り組んだり，振り返って改善したりして，技術を工夫し創造しようとしている。

本校技術・家庭科（技術分野）では，資質・能力の高まりを支える学習指導と評価を一体化させるために，各観点について以下のように考え，実践を行った。

（1）「知識・技能」の指導と評価

技術分野で身に付ける知識や技能が，概念的理解を伴った「使いこなせるもの」として発揮されるようにするためには，ただ単に用語の意味や様々な材料と加工の特性などの原理・法則や基礎的な技術の仕組みを覚えるだけではなく，生徒自身が場面に応じて必要な知識や技能を関連付けながら使えるようになることが大切になる。まず知識においては，技術による問題解決の場面で，「必要な材料を効率よく正確に切断するための方法について，ポイントを整理しよう！」や，「野菜が枯れそうになっている原因を考えよう！」などの問いを活動の状況に応じて示し，学んだことをつなげながら，内容について文章化や図式化をしてまとめさせていくという手法が挙げられる。場合によっては，ペーパーテストの中でこのような問いを設定することも考えられる。そうすることで，知識が概念化され，様々な場面で学んだことをつなげながら発揮していくことが可能になると考えられる。教師は，その際の記述を分析し，今後に向けて指導すべき内容を検討する。また，技能においては，活動中に生徒が撮った動画や写真，製作品などをワークシートと合わせて確認することで，理解が伴った状態で技能が発揮されていたかを見取っていく。

実際にこの取組を継続して行ったところ，学んだ知識を活動の中でうまく生かせていなかった生徒も，学んだことを状況に応じてつなげながら課題解決に取り組めるようになっていった。また，知識を上手に活用したことによって技能が向上した様子も多く見られた。

（2）「思考・判断・表現」の指導と評価

資質・能力における「思考力，判断力，表現力等」を育成し，適切な評価を行うためには，授業の中で技術の見方・考え方を働かせながら，知識や技能を活用して課題を解決していく活動の

充実が必要である。それには、活動の場面に応じて思考ツールを活用しながら、技術を多面的・多角的に評価し、その結果を比較しながら条件に合った最適なものを選択させたり、様々な要素を関連付けながら、設計や計画をより具体化させたりすることなどが効果的だと考える。例えば、既存の技術から問題の解決方法を探る際に、イメージマップを活用し様々な要素を関連付けながら技術の見方・考え方を働かせて分析させたり、レーダーチャートで多面的・多角的に技術を評価し比較した上で、条件に合った最適な工具を選択できるようにしたりすることなどが挙げられる。また、ワークシートやレポートの記述を評価する際には、「考えるための技法」を用いて考えるなど、明確な根拠をもって表現できているかを見取るようにする。

　このように様々な思考ツールを用いたり、「考えるための技法」を活用したりしたことで、技術の見方・考え方を自然と働かせながら課題解決に取り組む生徒が多く見られるようになった。こうした方法は、問題の発見や解決すべき課題を考える際にも効果的だと考えられ、今後の研究の中でさらに実践を積み重ねていきたい。

（3）「主体的に学習に取り組む態度」の指導と評価

　一つの題材が長期間にわたる技術分野の学習において、生徒が課題の解決に主体的に取り組んだり、自らの活動を振り返り、よりよいものとなるよう改善しようとしたりする姿を実現するためには、題材の流れに沿った振り返りシートの活用が有効であると考える。学びのプランや活動記録表（図1）などと照らし合わせながら、学習過程ごとにこのシートに成果と課題を記入させ、次への見通しをもたせることで、生徒自身がPDCAサイクルを繰り返し行い、学習を通して身に付けた力や改善すべきことを自覚しながら、よりよいものを目指そうとする態度を育成できると考える。評価を行う際には、振り返りシートや活動記録表、実際の活動などを合わせ、課題を解決するための最適な方法を知識や技能などとも関連付けながら考えようとしているか、他者との関わりを通し、よい部分や新たな気付きを自分の活動に生かそうとしているかなどを見取っていく。

図1　活動記録表

　また、技術分野は、技術を工夫し創造しようとする態度も評価する。「社会の発展と技術」において、これまでの学びで働かせた技術の見方・考え方をつなげて自分の問題解決の過程を振り返り、安全面や環境面などより多くの視点から技術を評価し、よりよい未来に向けた最適な方法を考えようとしていたかをワークシートから見取っていく。

　このような振り返りを取り入れたことで、自分自身の課題を見つけ、それを解決するために何が必要かを考えていこうとする姿が多く見られるようになった。また、生徒が継続して課題解決に粘り強く取り組めていたか、学びを調整しながら活動できていたかなどもより見取りやすくなった。しかし、現状をきちんと分析し、次につながる振り返りを行っていくには、その分時間も必要となるので、技術分野の限られた時間の中でどのような視点で振り返りを行わせると更に効果的か、今後も検討を重ねていきたい。

技術・家庭科【技術分野】実践例①

1 題材を通じて実現を目指す「学びに向かう力」が高まっている生徒の姿

　自ら設定した課題を解決するために，材料や加工方法の特徴，社会からの要求，安全性，環境負荷や経済性などの複数の側面を踏まえながら，主体的に技術を評価・活用し，条件に合った最適な方法を考えようとする姿。

2 題材について

　本題材は，生徒自身が日常生活の中から問題を見つけ，木材を使った製品を製作することで，その課題の解決に挑戦していくものである。現在，技術の進歩により，私たちの生活は豊かになった反面，SDGs でも挙げられているような環境への悪影響など，生産者・消費者一人一人が考えなければならない多様な問題も増えている。そこで，本題材を通し，トレードオフを意識させながら条件に合った最適な解決策を考えていく活動を行うことで，よりよい生活や社会，環境，経済などのバランスの取れた持続可能な社会の実現に向けて，技術を工夫し創造しようとする実践的な態度を育てられるようにしていきたい。また，製作の見通しを立てる際にフィッシュボーンを活用したり，工具を選択する際にレーダーチャートを活用したりするなど，様々な思考ツールを活用したり，「考えるための技法」を取り入れたりしていくことで，より多くの視点から技術について考え，根拠をもって最適な方法を選択できる力を育成していきたい。

3 「学びに向かう力」を高めていくための観点別学習状況のあり方

（1）「知識・技能」の指導と評価

　技術の科学的な原理・法則や基礎的な技術の仕組みを理解し，実際の課題解決の中で活用していくことで，学んだことを様々な視点と結び付けながら概念的に考えられるようになることを目指す。そのため，ワークシートの記述では，なぜそのような結果になったか，なぜその方法を選ぼうと思ったかなど，身に付けた知識を活用しながらその根拠が説明できるような問いを細かく設定する。その中で，様々な知識を結び付けながら考えられているか，実際の作業にその知識が生かされているかを見取り，不十分な場合には基礎の復習を行ったり，学んだものがどのような場面に生かされるかを考えたりさせる。技能については，ワークシートの記述や製作品，作業動画などを照らし合わせながら評価を行う。

（2）「思考・判断・表現」の指導と評価

　技術の見方・考え方を働かせながら，条件に合った最適な方法を考えられるよう，レーダーチャートを用いて工具を比較するなど，思考ツールを活用して技術についての比較や関連付けを行わせる。そうすることで，様々な視点や立場から考えられたり，目的に合った最適な方法を見つけ出せたりする姿の形成へとつなげたい。また，ワークシートやレポートの記述については，決められた条件を意識しつつ，図や表にまとめたものを根拠としながら考えが述べられているかを評価し，指導へと生かしていく。

（3）「主体的に学習に取り組む態度」の指導と評価

　生徒が設定した課題の解決を行っていく際，状況に合わせて足りない部分を補おうと努力する様子や最適な方法を考えようとしているかを見取るために，学習の流れに沿った一枚式の振り返りシートを使用する。振り返

りの記入は，作業の中で記入した活動記録とも照らし合わせながら，活動ごとに成果と課題をまとめさせていく。教師はこのシートを活用することで，長期的な視点に立って生徒の学びを見取れたり，その内容を基に次への指導も考えたりできる。また，生徒自身に何ができて何ができていないかを自覚させることで，次の活動へのより具体的な見通しをもたせることも可能になると考える。

4 授業の実際（第13，14時）

第13時は，前時に行った両刃のこぎりを使った材料切断の振り返りの共有を最初に行った。生徒から多く挙がった失敗として，「断面が斜めになってしまい，正確に切れなかった。」「時間がかかり，効率よく作業ができなかった。」といったことがあった。そこで，失敗が製品に与える影響を考えさせ，どうすればこうした失敗を解決できるか考えていこうという話をした。

解決方法を考える際，ウェビングマップを活用し，学んだ知識を関連付けながら失敗の原因は何か，それを解決するための方法はどのようなものかをまとめさせた（図1）。また，考えを記入する際は，はじめに個人で考え，その次に班で考えを共有しながら他の解決策はないかを教科書やTPCを使って調べる流れで行った。

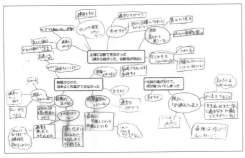

図1　知識を関連付けるウェビングマップ

その後，ワークシートにまとめた内容で本当に失敗を防げるか確認するため，ペアで廃材を使いながら検証の時間をとった。生徒は，課題を解決するためにウェビングマップで整理したことを結び付けて考えながら作業を行うことができていた。また，まとめた内容を基に，意識して実践ができていたかを相互評価させた。生徒は，自分の注意すべきポイントを踏まえて次の作業の見通しをもつことや，上手に作業できた人の活動から自分の活動に生かせる部分を探したりすることに，そこでのやり取りを役立てていた。

第14時では，ワークシートにまとめたポイントを基にしながら，実際に自分の材料の切断を進めていった。作業のポイントを様々な知識と結び付けながら意識できたことで，前回の授業よりも技能の向上が見られた生徒が増え，これまでに挙がった失敗も大きく減らすことができた。また，生徒の振り返りの記述にも，今回整理した知識をしっかりと活用できたことで，「前回に比べ技能が向上した」というものが多くあり，自身の成長を実感できている様子が見受けられた。授業の最後には，今回行った，「失敗した時にその原因を考える」「様々な視点から改善策を考える」「改善策を実践し，その成果を振り返る」といったPDCAサイクルを，これからの活動の中でも大切にして欲しいという話をした。今後は，今回改善できなかった問題を基に，糸のこ盤など他の工具との比較を行い，目的に合った最適な方法を考えられる活動を一層充実させていきたい。

今回は，1年生ということで細かく指示をして問題の解決策を考えさせた。理想は，学年が上がるにつれて，自分自身で課題を見つけ，分からないことを自ら調べるなどして解決していくことである。よって，学年に応じて問い方を工夫するなど，自然とそのような力が発揮されるような手立てを，今後も検討していきたい。

（佐々木　恵太）

[資料]　資質・能力育成のプロセス（22時間扱い）

次	時		評価規準	【　】内は評価方法 及び Cと判断する状況への手立て
1	1～3	知	各材料と加工方法についての特徴や材料の製造方法や成形方法などの基礎的な技術の仕組みを説明できる。（○○）	【ワークシートの記述の確認・分析】 C：普段使用している製品の例を挙げ，イメージをもたせる。
		思	製品に込められた工夫を読み取り，材料と加工の技術の見方・考え方に気付くことができる。（○○）	【ワークシートの記述の点検・分析】 C：開発者や消費者の想い，製品の目的など，多くの視点で考えるように促す。
		態	進んで材料と加工の技術と関わり，主体的に理解し，技能を身に付けようとしている。（○）	【行動の観察】【ワークシートの記述の確認】 C：生活や社会の中で利用されている製品の例を挙げ，イメージをもたせる。
2	4～5	思	生活の中から材料と加工の技術に関わる問題を見いだして課題を設定できる。（○○）	【ワークシートの記述の確認・分析】 C：仲間の考えを紹介することで，解決すべき問題が何かを気付けるようにする。
	6～9	思	課題の解決策を，条件を踏まえて構想し，設計や計画を具体化できる。（○○）	【ワークシートの記述の確認・分析】 C：設計図や作業計画の例を確認しながら，目的に合わせた変更を考えさせる。
		知	製作に必要な図をかき表すことができる。（○○）	【ワークシートの記述の確認・分析】 C：例や教科書を確認させ，図のかき方の復習を行う。
		態	自分の設定した課題に合わせて，解決策を構想しようとしている。（○○）	【行動の観察】【ワークシートや振り返りの記述の確認・分析】 C：仲間の記述などを確認させながら，考えるべき内容の整理を促す。
	10～18	知	安全・適切に製作を行い，必要に応じて検査や点検，作業の改善を行うことができる。（○○）	【作業や製作品の観察・分析】 C：教科書で基本的な作業方法について振り返ったり上手な生徒の作業を観察させたりする。
		態	進んで材料と加工の技術と関わり，主体的に理解し，技能を身に付けようとしている。（○○）	【行動の観察】【ワークシートの記述の確認・分析】 C：基礎の復習をしたり，他者が学んだことをどう生かしているかを確認させたりする。
		態	課題解決の過程を振り返り，よりよいものとなるよう改善，修正しようとしている。（○）	【行動の観察】【振り返りの点検】 C：ワークシートや計画表を見直し，課題を解決するために必要なことを考えさせる。
	19～20	思	課題の解決結果を評価し，計画や解決の過程の改善及び修正を考えることができる。（○○）	【レポートの記述の確認・分析】 C：他者からもらった意見も参考にさせ，自らの課題解決を評価し，必要な修正部分に気付かせる。
		態	課題解決の過程を振り返り，よりよいものとなるよう改善，修正しようとしている。（○○）	【行動の観察】【レポートや振り返りの確認・分析】 C：ワークシートや計画表を見直し，課題を解決するために必要なことを考えさせる。
3	21～22	知	材料と加工の技術が，よりよい生活の実現や持続可能な社会の構築に果たす役割や影響を踏まえ，材料と加工の技術の概念について説明できる。（○○）	【ワークシートの記述の点検・分析】 C：資料を見直させ，現状の問題などに着目させる。
		思	よりよい生活や社会の実現に向けて，材料と加工の技術を評価し，適切な選択のあり方を考えている。（○○）	【ワークシートの記述の点検・分析】 C：現状の問題やこれまでの活動を振り返らせ，技術を複数の視点から考えさせる。
		態	よりよい生活や社会の実現に向けて，材料と加工の技術を工夫し創造しようとしている。（○○）	【行動の観察】【ワークシートの記述の確認・分析】 C：自らの活動を振り返り，苦労したことや困ったことから今後解決しなければいけない問題について考えさせる。

主たる学習活動	指導上の留意点	時
・3年間の技術分野の学びについて見通しをもつ。 ・学習プランを活用し，本題材の見通しをもつ。 ・身の回りの製品や教室にある机といすの観察を行い，各材料の特徴や課題を解決するための開発者の工夫について考える。	 ・身に付けてほしい資質・能力を確認する。 ・開発者が，なぜそのような材料の使い方や加工方法を選択したのかを，消費者が実際に使用するときのことを踏まえて考えさせる。 ・もし他の材料を使用した製品があった場合，どのような違いが生じるか，比較しながら考えさせる。 ・開発者が大切にしている視点を，キーワードを挙げながら整理させ，自身の課題解決に生かせるようにする。	1 ー 3
【学習課題】 　生活の中の問題を，木材を使ったオリジナル製品で解決しよう！ ・各自で家の中で起きている問題を見つけ，そこから今回取り組む課題を設定する。	 ・使用できる材料や工具など，条件を丁寧に説明する。 ・できたことや次に向けての課題を振り返りシートに整理させる。	4 ー 5
・設定した課題を基に，今後大切にすべき点をフィッシュボーンで整理し，課題解決に向けた見通しをもつ。 ・製品モデルを参考に，課題を解決するための製品の構想を練る。 ・製作に必要な図の作成と簡単な作業計画を考える。	・具体的にどのようなことを行えば課題の解決につながるか，様々な要素を関連付けながら考えさせる。 ・より具体的なイメージがもてるよう，製品のモデルを準備し，そこから目的に合った変更を考えていく。 ・振り返りシートに，課題を解決するために自分が大切にしたことや今後に向けた改善点を記入させ，自分の成長と改善が必要なところを自覚させる。	6 ー 9
・課題を解決する製品の製作を行う。 　（材料取り，切断，部品加工，接合，仕上げ） ・作業ごとに活動の中で出てきた課題を共有し，どうすればその課題を解決できるかを検討する。	・自分の目的などに合わせて，複数の工具から必要なものを選択し，製作を進めさせる。場面に応じて，レーダーチャートを活用した工具の比較を行わせる。 ・工具の使用方法を説明した動画を共有のフォルダに入れ，いつでも確認できるようにする。 ・状況に応じて，新たに起こった課題とその改善策を班やクラスで確認する。 ・振り返りシートに，活動の過程で自分が大切にしたことや今後に向けた改善点を記入させ，自分の成長と改善が必要なところを自覚させる。	10 ー 18
・完成した製品を実際に使用し，成果をまとめる。 ・製作品や解決過程の評価を行い，改善した修正案をレポートにまとめる。	・振り返りシートを見返し，自分の活動が全体的に課題の解決につながっていたかを振り返らせる。	19 ー 20
・活動を振り返りながら，最新の加工技術やそれによって作られた製品を複数の視点から評価し，これからの材料と加工の技術のあり方について提案する。	・ここまでの活動の中で挙がった課題とつなげながら，最新技術について説明していく。 ・自らのこれまでの活動についても振り返りながら考えることで，消費者だけでなく開発者の視点からも考えられるようにする。	21 ー 22

実践例①

技術・家庭科【家庭分野】

　『新学習指導要領』の示す目標を基に，「評価の観点及びその趣旨」は，『改善等通知（別紙4）』において，下記の通りに示されている。

知識・技能	思考・判断・表現	主体的に学習に取り組む態度
家族・家庭の基本的な機能について理解を深め，生活の自立に必要な家族・家庭，衣食住，消費や環境などについて理解しているとともに，それらに係る技能を身に付けている。	これからの生活を展望し，家族・家庭や地域における生活の中から問題を見いだして課題を設定し，解決策を構想し，実践を評価・改善し，考察したことを論理的に表現するなどして課題を解決する力を身に付けている。	家族や地域の人々と協働し，よりよい生活の実現に向けて，課題の解決に主体的に取り組んだり，振り返って改善したりして，生活を工夫し創造し，実践しようとしている。

　技術・家庭科（家庭分野）では，資質・能力の高まりを支える学習指導と評価を一体化させるために，各観点について以下のように考え，実践を行った。

1　本校技術・家庭科（家庭分野）が考える観点別学習状況の評価のあり方
（1）「知識・技能」の指導と評価

　「知識・技能」の評価に当たっては，実践的・体験的な活動を重視した学習を通して，生徒一人一人の実態に応じながら，基礎的・基本的な知識及び技能を身に付けているかどうかを見取ることが大切であると考える。

　そこで，本校技術・家庭科（家庭分野）では，「機能的習熟」を図るための工夫をしている。一度学習しただけでは日常で生かせる知識や技能を定着させることは難しく，同じ作業を繰り返し行うことでそれらを定着させることができると考える。例えば，調理実習ごとに献立作成を行わせたり，商品を選択する際には，常に意思決定プロセスやエシカル消費について意識させたりするなど，様々な分野において学習がつながるようにしている。また，主体的に知識や技能を習得する工夫として，ジグソー法を多く取り入れている。題材を変えつつ繰り返し行うことで，生徒は見通しをもって取り組むことができ，相手意識をもって学習に取り組めるようにもなる。

　評価については，どのように知識を関連付けたり，組み合わせたりして解決を図っているかなどを，記述から見取るようにしている。また，製作品は，獲得した知識や技能が用いられているか，用具を安全に取り扱っているかなどを，製作過程や作品そのものから見取るようにしている。

（2）「思考・判断・表現」の指導と評価

「思考・判断・表現」の評価に当たっては，学習過程に沿って，生徒が「課題を解決する力」を身に付けているかを見取ることが大切であると考える。

そこで，学習過程を意識した学びのプランの作成を行った。題材を通して身に付けてほしい資質・能力や学習の内容に合わせて，学習過程や学習のポイントをまとめることで，課題を解決するための道筋を意識しやすくした。また，見方・考え方を視点としたレーダーチャートで自分の生活を振り返って自覚化させることで，自分の生活の課題を発見しやすいように工夫した（図1）。例えば衣生活の学習では，学習をしていく上で獲得した「よりよい衣生活」にするために必要な手立てを，見方・考え方の四つの視点で分類していくことで，思考を整理させた。そうすることで，生徒自身や家族にとっての「よりよい衣生活」のあり方を見いだしやすくなり，実践できることが何かについて考えられるようになる。

評価については，学習を踏まえて今の自分にできることを具体的に考え，まとめたことを見取るようにしている。

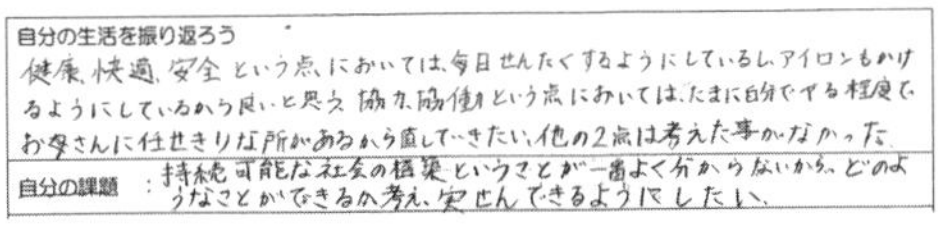
自分の生活を振り返ろう
健康、快適、安全という点においては、毎日せんたくするようにしているし、アイロンもかけるようにしているから良いと思う。協力、協働という点においては、たまに自分でする程度でお母さんに任せきりな所があるから直していきたい。他の2点は考えた事がなかった。
自分の課題　：持続可能な社会の構築ということが一番よく分からないから、どのようなことができるか考え、実せんできるようにしたい。

図1　ワークシートの記述（課題の設定）

（3）「主体的に学習に取り組む態度」の指導と評価

「主体的に学習に取り組む態度」の評価に当たっては，題材のまとまりなど，ある程度長い区切りの中で，生徒の変容を見取っていくことが大切であると考える。

そこで，思考の変容が可視化されるよう一枚式のワークシートを題材ごとに使用している。題材を貫く課題を解決するための視点をワークシートに書き溜めさせ，毎回の授業で交流する時間を設けるようにしている。その際，教師もよい視点に線を引いたり，アドバイスが必要な場合はコメントを書いたりして，生徒が粘り強く取り組み，自己調整が行えるようにしている。

題材のはじめには，学びのプランを用いて学習の流れを確認し，見通しをもったり振り返りを行ったりしやすいようにしている。毎時間，学びのプランを用いて本時の流れを確認することで，何のために学習しているのか生徒が理解して取り組めるようにしている。そうすることで，ここまでの学習過程の振り返りや次の活動の見通しが行いやすくなり，題材を貫く課題を意識した学習を行うことにつなげることができる。また，振り返りの視点を明確にすることで，これからの生活につなげて考えたり，新たな問いを見いだしたりすることも可能になる。

製作を扱う題材では，どのように作業を進めるか自分で計画を立て，毎時間自己評価を行っている。計画通りにいかなかった場合は，その原因を分析させる取組を通して，自己調整を図って色ペンを用いて計画の見直しを行い，根拠を基に適切な修正を施せているかを見取るように工夫している。

2　実践の成果と今後への課題

学習の中で見方・考え方を提示することで，家庭分野の視点から学習を深めていく様子が見られた。これらの取組を題材ごとに行い，3年生の最後の学習では，様々な分野で学習したことを生かして，生徒自身や家族にとっての「よりよい生活」を見いだし，今の自分に何ができるか考えられるように指導していきたい。

技術・家庭科【家庭分野】実践例①

1 題材を通じて実現を目指す「学びに向かう力」が高まっている生徒の姿

家庭分野の見方・考え方を働かせながら，自分や家族にとってのよりよい住まい方を考え，実践しようとする姿。

2 題材について

この題材は，『新学習指導要領』「B衣食住の生活」の（6）に当たり，住居の機能と住まい方について考える内容である。また，「A家族・家庭生活」（3）ア（イ）においては，高齢者の身体の特徴に触れることが明記されており，高齢者や幼児の身体の特徴を踏まえた上で，住まい方について考えられる内容とした。

『新学習指導要領』の家庭分野の目標の一つに，「自分と家族，家庭生活と地域との関わりを考え，家族や地域の人々と協働し，よりよい生活の実現に向けて，生活を工夫し創造しようとする実践的な態度を養う。」とある。そこで，本題材では「自分や家族にとって，よりよい住まい方を考えよう」という課題を軸に，自分なりの「よりより住まい方」が考えられるように授業を進めていく。授業を通して見方・考え方を働かせながら，自分と家族にとっての「よりよい住まい方」が考えられ，実践できる力を身に付けることを通して，自分なりの「よりよい生活」を考えられる資質・能力を育成していきたい。

3 「学びに向かう力」を高めていくための観点別学習状況のあり方

（1）「知識・技能」の指導と評価

住まいの役割や和室と洋室の特徴を学習する際には，思考ツールを用いて情報を整理する。また，高齢者と幼児の疑似体験ができる学習を取り入れることで，知識の習得にとどまらず，自分事として捉えられるように工夫している。評価する際は，家族それぞれの立場に立って考えられているか，ワークシートの記述内容を確認する。

（2）「思考・判断・表現」の指導と評価

自分の生活の振り返りを基に自分や家族の住まい方について課題を設定し，その課題を解決できるような題材構成にしている。その際，見方・考え方の五つの視点（協力・協働，健康・快適，安全，生活文化，持続可能な社会）が入ったレーダーチャートを活用して自分の生活に結び付けて考えたり，仲間と考えを共有したりする機会を多く設けることで，自分と家族にとっての「よりよい住まい方」に気付き，実践しやすくなるように工夫している。学習の最後に，どのような住まい方をしたらよいのかについての具体をまとめて相互評価を行い，ブラッシュアップした記述を見取るようにしている。

（3）「主体的に学習に取り組む態度」の指導と評価

学習の軌跡が分かるようなワークシートを活用し，学習過程での思考の変容を見取れるようにしている。また，「よりよい住まい方」を実現するため，自分の課題の解決に必要だと思うことを，見方・考え方の五つの視点で書き溜めさせたり，毎回の授業で交流の時間を設けたりする。その際，教師もよい視点に線を引いたり，アドバイスが必要な場合はコメントを書いたりして，生徒が粘り強く取り組み，自己調整が行えるように工夫している。

4 授業の実際

授業のはじめに，見方・考え方のレーダーチャートを用いて自分の生活の振り返りを行った。生徒からは「将来のことも踏まえて，

家族全員が納得できる安全な住まい方を考える」や「日本の生活文化を生かしながら，家族との過ごし方を考える」などの課題が挙がった。その課題を解決することが，「よりよい住まい方」につながるということを生徒と共有し，学習をスタートさせた。

「もし，帰る家がなかったら？」という課題から，自分の家で暮らすことの意味をYチャートで分類させ，住まいの役割について考えさせた。授業の最後には，自分の課題を解決する上で必要と思うことを五つの視点に分けてワークシートに記述させた。次の授業の最初には，前時に記入した「よりよい住まい方のヒント」を，教師が抜粋しスクリーンに映して共有した。自分にはなかった視点は色ペンで加筆させ，ヒントを少しずつ増やしていくように伝えた。また，毎時間学びのプランを用いて学習の見通しやポイントになることを確認し，何のために学習をしているのかを生徒が自覚して取り組めるように心がけた。

誰もが暮らしやすい住まいを考えるため，第2時では高齢者や幼児の疑似体験を行った。生徒からは「高齢者は足が上がりにくいから，部屋の整理整頓を行わないとつまずきやすい」や「幼児は目線が低く，自分たちは気にならないところに危険がある」など，今まで考えていなかった視点に気付いたようであった。

日本の住まい方の特徴を理解し，これからの住まい方を考える際には，まず各自でベン図を用いて和室と洋室の特徴を整理させ，その後，班での交流を通して理解を深めさせた。そしてそれを基に，「日本の伝統的な住まい方の工夫を現代に生かすためにできること」について班で考え，Teamsに投稿させた。生徒からは，「季節や自然のものを取り入れる」や「畳の部屋にベッドを置くと足腰が楽になる」，「和の文化のように高さを低くすると幼児にとって安全である」などの考えが挙げられた。また，投稿させたものはクラ

ス内で自由に閲覧することができるため，いつでも見返すことができ，振り返りとしての効果をより高めることができた。

室内環境や家庭内事故，防災の視点から，自分たちに工夫できることを考えさせる際には，様々な危険が潜む住まいのイラストを用いて危険な場所にシールを貼り，改善方法を考え，ジグソー法を用いて共有させた。その後，「誰もが健康・快適・安全に暮らすために大切なこと」について班で考えをまとめさせた。多くの班から「様々な人の立場に立って考えることが大切」という視点が挙がった。

第5時ではこれまで蓄積してきた「よりよい住まい方のヒント」を用いて，仮の家族の住まい方を考えさせた。ある家族に，3年後に弟が生まれる場合と，今祖母が引っ越してくる場合を想定させ，個人の空間と住まい方の工夫を検討させた。その際，PowerPointに間取りと家族・家具のイラストを準備し，自由に動かして考えられるようにした。「弟が自由に動けるように和室を使えるようにする」や「祖母が1階にいることでみんなと話せる」など，家族に応じて考えることができていた。

最終時に，今までの学習を踏まえて，自分や家族にとっての「よりよい住まい方」を考えさせた。生徒は学習前の課題をどうしたら解決できるのか，毎時間の学習で溜めてきたヒントを基に考え（図1），「○○家の住まい方プ

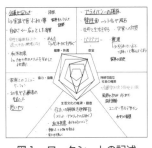

図1　ワークシートの記述

ラン」を作成することができていた。また，レーダーチャートも学習前に比べて，学習後は広がりがあり，見方・考え方を働かせながら，生活を豊かにしようとする姿が見られた。

（池岡　有紀）

次	時	評価規準	【　】内は評価方法 及び Cと判断する状況への手立て
1	1 ― 2	思　自分や家族の住まい方について，問題を見いだして課題を設定している。（○）	【ワークシートの記述の確認】 C：見方・考え方である五つの視点（協力・協働，健康・快適，安全，生活文化の継承・創造，持続可能な社会の構築）から自分の生活を振り返らせ，課題を設定できるように促す。
		態　自分や家族の住まい方について，課題の解決に主体的に取り組もうとしている。（○）	【発言の確認】【行動観察】 C：自分の課題の解決に向けて，どのような力を身に付けたいのか考えさせる。
		知　家族の生活と住空間との関わりが分かり，住居の基本的な機能について理解している。（○）	【ワークシートの記述の確認】 C：自分の住まいを想像し，結び付けて考えさせる。
	3 ― 5	知　家庭内の事故の防ぎ方など，家族の安全を考えた住空間の整え方について理解している。（○）	【ワークシートの記述の確認】 C：高齢者や幼児など，家族それぞれの立場に立って考えさせる。
		思　自分や家族の住まい方について，実践に向けた計画を考え，工夫している。（○）	【ワークシートの記述の確認】 C：よりよい住まい方をするために，何ができるのか考えさせる。
		態　自分や家族の住まい方について，課題解決に向けた一連の活動を振り返って改善しようとしている。（○）	【ワークシートの記述の確認】 C：よりよい住まい方をするために，必要な情報を整理するように促す。
		思　自分や家族の住まい方について，実践を評価・改善している。（○◎）	【ワークシートの記述の確認・分析】 C：今後も行っていきたいことを，具体的に記入するように促す。
	6	態　よりよい生活の実現に向けて，自分や家族の住まい方について，工夫し創造し，実践しようとしている。（○◎）	【ワークシートの記述の確認・分析】 C：これまで積み重ねてきた学習を振り返り，自分の生活に生かせそうな新たに増えた視点がないか，考えさせる。
		思　自分や家族の住まい方についての課題解決に向けた一連の活動について，考察したことを，根拠や理由を明確にして説明したり，発表したりしている。（○◎）	【ワークシートの記述の確認・分析】 C：今までの学習を踏まえて，自分の考えを具体的に記入するように促す。

主たる学習活動	指導上の留意点	時
・学びのプランと学びの手引きで，本題材の見通しをもつ。 【課題】自分や家族にとって，よりよい住まい方を考えよう。 ・自分の今の住まい方について，レーダーチャートを用いて振り返り，解決したい課題を見つける。 ・「もし，帰る家がなかったら？」について，自分事として考える。 ・高齢者と幼児の疑似体験を行う。	・学びのプランと学びの手引きを示しながら，学習の流れと身に付けたい資質・能力を確認させ，見通しをもたせる。 ・見方・考え方である五つの視点を考えて生活ができているか，今の自分を振り返り，ワークシートに記入させる。その際，レーダーチャートを用いて分析し，考えをまとめさせる。 ・「よりよい住まい方」を実現するため，自分の課題を解決するために必要だと思うことを五つの視点で書き溜めさせたり，毎回の授業で交流する時間を設けたりする。 ・自分の家で暮らすことの意味をYチャートで分類し，住まいの役割について理解させる。 ・高齢者と幼児の身体的特徴を理解させ，家族として今できることや，将来を見据えて必要になってくることなどについて考えさせる。	1 │ 2
・家族の生活行為について考え，住まいの空間との関連について考える。 ・日本の伝統的な住まい方，洋式の住まい方，それぞれのよさを知り，現在の日本の住まいについて考える。 ・室内環境の整え方や家庭内事故の防ぎ方，災害への対策について考える。 ・家族によって，住まい方が異なることを理解する。	・サザエさんの間取りを用いて，家族の生活行為に必要な住まいの空間について理解させる。 ・ベン図を用いて和式と洋式を比較し，それぞれの住まい方の工夫に気付かせ，それらを上手に取り入れて生活する方法を考えさせる。 ・室内環境や家庭内事故，防災の視点から，自分たちに工夫できることを考えさせる。 ・仮の家族を提示し，その家族に新たに一人加わる場合や，数年経った場合について，住まい方にどのような変化が必要になってくるのかを考えさせる。	3 │ 5
・今後，自分や家族にとって，「よりよい住まい方」にするために意識していきたいことについて，レーダーチャートを用いて考える。 ・学習を通して考えた「よりよい住まい方」について，自分の考えをまとめる。そして，具体的にどのようなことを実践していきたいかについて，「住まい方プラン」も考えてワークシートに記入し，相互評価を行う。 ・改めて，「よりよい住まい方」と「住まい方プラン」をまとめる。	・今後どのようなことを意識していきたいかについて，レーダーチャートに最初と異なる色ペンで記入するように促す。 ・改めて，今まで書き溜めてきた五つの視点を見返し，自分なりの「よりよい住まい方」についてまとめさせる。その際，自分で立てた課題を解決するための視点を入れて考えさせる。 ・共有して相互評価した後，ブラッシュアップしたものを，改めてワークシートに記入させる。	6

第2部│各教科の実践

実践例①～②

英語科

『新学習指導要領』の示す目標を基に，「評価の観点及びその趣旨」は，『改善等通知（別紙4）』において，下記の通りに示されている。

知識・技能	思考・判断・表現	主体的に学習に取り組む態度
・外国語の音声や語彙，表現，文法，言語の働きなどを理解している。 ・外国語の音声や語彙，表現，文法，言語の働きなどの知識を，聞くこと，読むこと，話すこと，書くことによる実際のコミュニケーションにおいて活用できる技能を身に付けている。	コミュニケーションを行う目的や場面，状況などに応じて，日常的な話題や社会的な話題について，外国語で簡単な情報や考えなどを理解したり，これらを活用して表現したり伝え合ったりしている。	外国語の背景にある文化に対する理解を深め，聞き手，読み手，話し手，書き手に配慮しながら，主体的に外国語を用いてコミュニケーションを図ろうとしている。

本校英語科では，資質・能力の高まりを支える学習指導と評価を一体化させるために，各観点について以下のように考え，実践を行った。

1　本校英語科が考える観点別学習状況の評価のあり方

（1）「知識・技能」の指導と評価

本校英語科では，「知識及び技能」において，『新学習指導要領』に示された目標に基づき，実際のコミュニケーションに近い目的や場面，状況を設定し，その中で，生徒がこれまでに身に付けた知識を活用することを目指している。また，活用できる技能を身に付けるように指導することはもちろんであるが，生徒たちが活用しようとする中で，不十分であった知識を再確認して次のステップへと向かっていけるように指導していく。

［知識］においては，教科書で基本的な事項について確認した後に，教師が作成したワークシートや PowerPoint 資料で，パターンプラクティスや実際の使用場面例を通して，音声や語彙，表現，文法，言語の働きについて理解する。［技能］においては，教科書で理解した表現を，実際のコミュニケーションにおいて生徒たちが使えるように，ロールプレイで即興的な練習場面を体験させたり，単元の中で到達させたい姿を実現するために，教師が設定した話題について簡単に話したり書いたりする取組を行っている。その際，生徒同士で文の仕組みや言語の働きについて相談する時間を取り，生徒たちが自ら学んでいく手段を身に付けられるように，教師は説明しすぎないように心がけながら支援する。評価については，話合いにおける生徒の発言やワークシートでの記述を参考にして，そのために必要な技能を身に付けているかどうかを確認する。

（2）「思考・判断・表現」の指導と評価

　英語科における「思考・判断・表現」では，各単元の中で，生徒に身に付けさせたい力を明確にして，目的や場面，状況の設定や，生徒が主体的に取り組める話題の設定を行うことが重要となる。その中で生徒たちが情報を共有・交換・整理することを通して，新たな発見をしたり，自ら問いをもって取り組んだりできるように，段階的に活動を設定する。本校では生徒用 CAN-DO リストを活用して，各学年の各段階で，できるようになることを視覚化し，目的や場面，状況が明確な言語活動となるように，目標をもって五つの領域の学習に取り組めることを目指している。

　『参考資料』の「内容のまとまり（五つの領域）ごとの評価規準」の考え方を踏まえた評価規準の作成」の１にある手順で授業計画をしていく際には，「思考・判断・表現」の内容が中心となるべきだと考える。

　例えば，「書くこと」のイを目標に設定した場合，学校行事や日常生活について知らせる記事や日記を書くという活動が考えられる。その際，「なぜ」「誰に」「どうして」書くのか，という場面設定をして，生徒が興味をもって取り組めるようにする。語る順序や内容の関連性を見取ることにより，「思考・判断・表現」だけでなく，「知識・技能」の部分である，接続詞や時制の使用も同じ評価場面で見取ることが可能だと考える。活動の際には，書く前にマッピングを行い，その内容を順序付けして整理させたり，書かれたものの例を複数挙げて比較させて，よりよい表現方法について考えさせたりするなどの工夫が考えられる。

（3）「主体的に学習に取り組む態度」の指導と評価

　『参考資料』にあるように，「主体的に学習に取り組む態度」は「思考・判断・表現」と一体的に評価することが基本となる。本校英語科では，各活動に取り組もうとしている様子とともに，その取組の成果が各表現活動で表れているかを見取る。活動の前後に行う生徒の振り返りから，どのような変容があったか，また，活動の中でどのように表出されたかを確認する。生徒のコメントと，表出されたものにズレが生じている場合には，何らかの課題があると考えられる。その課題が，目的や場面，状況の理解にあるのか，文法の理解や活用にあるのか，適切な自己評価にあるのかを的確に把握して，それらに合わせて支援の仕方やフォローの仕方を変える必要がある。生徒が達成したいと思ったことを，次の機会で実現できるように指導していく。

2　来年度からの全面実施に向けて

　全面実施までに，本校英語科では5領域と3観点の関わりを明確にする。そのために，今まで実践したパフォーマンス課題を事例として，評価規準とその見取り方，そこに至る指導方法を考えていく。また，定期テストのあり方についても，単なる知識の確認ではなく，実際の授業や育てたい資質・能力と関連付けて，「思考力，判断力，表現力等」を発揮できる問題を作成する。その際，定期テストを通した記録に残す評価を，生徒の学習改善や教師の指導改善につなげることをより意識する。そして，来年度の教科書の活用方法と CAN-DO リストの見直しも行い，教科書，授業内容，パフォーマンス課題，定期テストなど，全ての活動が絡み合い，目指す生徒の姿に向かうように系統立てた授業づくりをしていく。

英語科実践例①

1 単元を通じて実現を目指す「学びに向かう力」が高まっている生徒の姿

　ペアでの活動の中で，相手の意見を受け止めながら，その場に応じた表現を選択し，質問したり提案したりして即興で伝え合おうとしている姿。

2 単元について

　本単元では，相手の意見をよく聞いて，目的や場面，状況に合うように休日の計画を話し合う活動を行う。やり取りする場面を複数回設定し，実践と振り返りを繰り返しながら，相手への提案の仕方や必要となる質問の順番を確認し，表現の幅を広げる。また，事前の会話の流れや，話し合う相手が興味をもっていることなど，状況をより具体的に提示して場面を想像させることで，実際のやり取りに近づける。

　生徒たちにとっては，英語でコミュニケーションを取るときに，言いたいことがうまくまとまらず，即座に考えや気持ちを表現できないことが課題となっている。難しい単語や表現にこだわらずに，これまでに学習してきた簡単な語句や文を使って，相手に的確に伝える表現の工夫や対話の流れについて考えさせたい。そして対話の中で，相手の意見や要望をよく聞いて理解し，それに関連した質問をしたり意見を述べたりすることで，協力して対話を継続，発展させることを目指したい。

3 「学びに向かう力」を高めていくための観点別学習状況のあり方

(1)「知識・技能」の指導と評価

　教科書の「SkitTime2電話」でのやり取りをはじめに扱い，ベースとなる会話をパターンプラクティスした上で，その後に続くやり取りを考えて実践する活動を行う。それを踏まえた学習課題の一つとして「電話で翌日の放課後の予定を話し合うこと」を設定する。これまでに学習してきた Yes/No で答えられる質問の形を振り返りながら，それと合わせて疑問詞を含む疑問文の使用場面を理解させ，使い方を身に付けさせる。

(2)「思考・判断・表現」の指導と評価

　即興で伝え合う活動に慣れさせるために，同じ課題について条件や方法を変えながら何度も取り組む機会を設定する。目的や場面，状況に合うやり取りにするために，ペアでの話し合いは TPC で録音させ，活動後に聞き直しながら場面や相手の意見に合わせたやり取りができていたかを確認させる。その上で，使うことができた表現や話し合って決定できた予定，改善が必要なことを振り返る場面を設ける。

　2次の終わりに取り組む課題では，録音したやり取りを Teams で提出させる。本単元では，必要なことを決めるために，相手の意見を聞き，それを踏まえて質問をしたり提案したりすることをねらいとしているため，相手の意見を聞いて会話の流れに合わせて即興で意見を出したり，質問したりできているか，音声を聞いて評価する。

(3)「主体的に学習に取り組む態度」の指導と評価

　活動の振り返りとして使用するワークシートには，1回目の活動で自分自身が感じたことや考えたことは黒で，ペアや班での振り返りで感じたことを赤で記入させる。また，2回目の活動で感じたことを黒・赤以外の色で記入させ，生徒が自分自身の変容を見取りやすくなるよう工夫する。また，それぞれの課題を終えるごとに，即興性と内容について自己評価を行い，自分自身の学習状況を捉えさせ，それを踏まえて次への改善点などを振り

返りシートに記述させ，変容を見取る。

4　授業の実際

　「電話で調理実習の材料の買い出しの計画を話し合う」という課題を提示し，取り組ませました。電話でのやり取りであるため，ジェスチャーを使用せず，声だけでのやり取りをさせた。その後，実際に会話で使用した質問を取り上げ，どのような順番で何を決めたら話がスムーズに進むかなど，効果的な質問の仕方について考える機会をもった。その中で，出かける日付の確認，行き先や待ち合わせ時間，待ち合わせ場所の決定は必要不可欠であることや，それ以外の持ち物や購入するものなどについて質問すると内容が深まることを学級全体で確認した。

　やり取りに必要な表現や質問の仕方について確認した後，直接会って話す場面を想定した課題を提示した。対面でのやり取りであるため，必要に応じてジェスチャーを活用しても構わないことを確認した。話し合う相手との関係性や話し合う前に行われたやり取りをPower Point のスライドで確認し，具体的なイメージをもって取り組むことができるように導入を行った（図1）。

図1　場面確認を行ったスライドの一部

　第3時からの授業のペアでのやり取りの際には，アメリカ人の友人役を演じる生徒にのみ図2のような情報カードを渡し，その人物になりきってやり取りするように伝えた。ペアの生徒は，相手がどのような情報をもっているのかが分からない中で，やりたいことや行きたい場所などについて質問したり，提案

図2　情報カードの一例

したりしながら話合いを進めた。

　はじめのうちは，提案したり尋ねたりする英語の表現がぱっと出てこず，日本語を多く使ってしまったり，沈黙が続きコミュニケーションがうまくとれなかったりする姿が多く見られた。本単元に向けて帯活動として会話活動を継続して行ったり，疑問詞を使った疑問文について確認したりしてきたが，生徒が自信をもって話すための事前準備としての練習が十分でなかったと感じた。そこで，活動の合間に，やり取りの中で活用できた表現や言いたいけれど言えなかった言葉を学級全体で確認して，よりよいやり取りになるためのポイントを共有する場を設けた。それを基に，よりよいやり取りを行おうと試行錯誤する生徒の姿を多く見ることができた。

　単元末に行った生徒の振り返りには，相手意識をもった表現の選択や相手の話への反応，目的や場面の理解の大切さに対する気付きが多く書かれていた。また，今後の目標として，「相手の意見に同意するだけでなく，『でも，これはどう？』など，反対の意見を入れながら話せるようにしたい」「相手の話をよく聞き，次にどのような質問や提案が来るのか予想しながら話すようにする」など，話を深める具体的な方法やスムーズに話し合うための工夫について述べるものもあった。

　今後も日々の帯活動での取組，場面や状況の共有方法，活動時間の設定などを見直し，生徒の伝え合う力を伸ばしていけるような実践を追究したい。　　　　　　（山本　早紀）

[資料]　資質・能力育成のプロセス（7時間扱い）

次	時		評価規準	【　】内は評価方法 及び Cと判断する状況への手立て
1	1 － 2	知	疑問詞を含む疑問文について理解している。（○）	【発言の点検】【ワークシートの記述の点検】 C：過去のワークシートや教科書の内容から既習の疑問文を取り上げ，疑問文の構造を確認させる。
		技	疑問詞を含む疑問文などを用いて，行く場所，そこですること，待ち合わせ時間や場所を即興で伝え合う技能を身に付けている。（○）	【発言の点検】【ワークシートの記述の点検】 C：班や学級全体で共有した内容を確認したり，教科書の本文に出てくる表現を参考にしたりするように促す。
2	3 － 5	思	相手の希望に合うように，休日の計画について，簡単な語句や文を用いて，行く場所，そこですること，待ち合わせ時間や場所を即興で伝え合っている。（○◎）	【発言の点検・分析】 C：前時の活動の振り返りを確認させ，会話で使用した表現を使ってみるように助言する。
		態	相手の希望に合うように，休日の計画について，簡単な語句や文を用いて，行く場所，そこですること，待ち合わせ時間や場所を即興で伝え合おうとしている。（○◎）	【ワークシートの記述の点検・分析】 C：自分の考えたことやペアでの振り返りで感じたことを色分けして記入させ，見比べながら，以前に比べてできるようになったことを探すように伝える。
3	6			
4	7	態	異なる手段でのやり取りを比較しながら，それぞれのメリット・デメリットをまとめ，即興で伝え合うことについて考えようとしている。（○）	【ワークシートの記述の確認】 C：これまでの学習についてワークシートを基に振り返り，共通点や相違点を探させる。

主たる学習活動	指導上の留意点	時
・教科書 P.77「Skit Time 2 電話」のやり取りを聞く。 ・教科書のやり取りの最後の応答の後に，どのようなやり取りが続くかを考えながら，ペアでやり取りする。 ・どのようなやり取りになったか学級全体で共有する。 明後日の調理実習に必要な材料を買いに，明日の放課後同じ班の班員と買い出しに行く約束をしています。電話で予定を決めましょう。 ・ペアで課題について話し合う。 ・やり取りについてペアで振り返る。うまく話せたことや質問するときに困ったことなどをワークシートに記入する。 ・何を最初に決めたのかを確認し，効果的な質問の仕方について学級全体で確認する。	・電話特有の表現について確認する。 ・実際に即興でやり取りをした後，どのようなやり取りをしたか，追加でどのような質問が必要となるかを考えさせ，ワークシートに記入させる。 ・対話を長く続けることよりも，いつ・どこで待ち合わせて，どこで買い物をするのかなどの詳細を決定することを目的とするように伝える。 ・電話での会話を踏まえ，表情やジェスチャーを使用しないようにさせる。 ・TPC を使って，会話の音声を録音し，ペアで内容を聞き直しながら，振り返らせる。	1 ― 2
日本に来たばかりのアメリカ人の友人と次の日曜日に出かける約束をしています。休日の計画を立てましょう。 ・ペアで午前中の予定について話し合う。片方はアメリカ人の友人を演じる。 ・ペアで話した内容を振り返るとともに，どのようにしたらよりよい即興でのやり取りが行えるかについて考える。 ・再度同じ課題についてペアで話し合う。 ・役割を交代して，ペアで午後の予定について話し合う。その後，振り返りをし，再度同じ課題に取り組む。 仲良くなった友人がアメリカに住む祖母への誕生日プレゼントを購入したいようで，翌週の日曜日も出かける約束をしました。日曜日の予定を立てましょう。 ・前回と同じようにペアで予定を話し合う。 ・午後の予定について役割を交代して話し合う。 ・本単元の振り返りをする。 ・改めて他者の意見も踏まえて，自己の成長と課題をまとめる。	・二人の関係性やこれまでのやり取りなどの設定と，話し合って予定の詳細を決めるという目的を，Power Point で確認する。 ・アメリカ人の友人の興味があるものなどについての情報は，カードにして役を演じる生徒に渡す。 ・スケジュールをメモするワークシートを配付し，やり取りで決まったことを書かせる。 ・言いたかったけれど，うまく表現できなかったことを全体で共有する。 ・TPC を使って会話を録音し，Teams で提出させる。 ・相手の意見を聞いて質問をしたり提案したりすることをねらいとしているため，友人の意見を聞く側としてのやり取りを評価することを伝える。 ・これまでの活動を振り返り，即興で伝え合うときに大切なことは何かを考えさせる。	3 ― 5
・同じ課題に対し，メッセージアプリで文字のやり取りをする場合を考える。 ・Teams 上でメッセージのやり取りを体験する。	・Teams の投稿の機能を活用して，TPC 上でメッセージをやり取りさせる。	6
・異なる手段でのやり取りのメリット・デメリットをまとめ，コミュニケーションのあり方を考える。	・電話でのやり取り，直接顔を合わせてのやり取り，Teams 内での文字によるやり取りを比較させて，共通点や相違点を考えさせる。	7

英語科実践例②

1 単元を通じて実現を目指す「学びに向かう力」が高まっている生徒の姿

聞き手に配慮をしながら説得力のある語りをするために，内容や言語材料，話し方を自ら選択し，調整していく姿。

2 単元について

本単元では，根拠のあるデータを基に論理的にスピーチを行うことを目的とした。まず，教科書 COLUMBUS21 English Course 3（光村図書）Let's Read 4 "Changing the World" のスピーチを Readers Theatre の手法を用いて，考えや思いを相手によりよく伝える話し方のポイントをつかんだ。そこで得た力を活用して自分のスピーチをするために，伝えたい内容を決定し，原稿の作成，練習，発表，振り返りと進めた。

本スピーチでは，『新学習指導要領』の目標「話すこと［発表］」のイ「日常的な話題について，事実や自分の考え，気持ちなどを整理し，簡単な語句や文を用いてまとまりのある内容を話すことができるようにする」ことを目指した。同時に，ウの「社会的な話題に関して聞いたり読んだりしたことについて」の部分も含めた。生徒は，聞き手の世界が広がったり，新たな発見があったりするように話すことを目的に，自ら選んだ内容について，根拠となる事実やデータとともに，自分の考えや気持ち，自分たちにできることなどを提案した。そして，スピーチ直後に聞き手側からの質問に応答することにより，話し手と聞き手の双方が即興でやり取りをした。

3 「学びに向かう力」を高めていくための観点別学習状況のあり方

（1）「知識・技能」の指導と評価

生徒たちは，これまで Readers Theatre やドラマ活動を通して，場面や状況，内容によって話し方や言語外表現が変化することを学んできた。学習してきた内容を再提示し，語と語の連結による音の変化やイントネーション，区切りについて，文中での意味のまとまりを意識して音読練習するように問い続けた。スピーチ練習でも同様に，文の構成を生かす話し方を考えさせた。双方ともにグループで活動することで，内容理解や表現方法を協力して深められると考えた。また，台本や原稿には区切りをスラッシュで書いておくなど，発話方法を視覚化することで，生徒の理解を深めたり，より伝わる発話を意識したりさせた。また，授業者にとっても生徒の工夫を見取りやすくした。

（2）「思考・判断・表現」の指導と評価

スピーチの内容構成を段階的に行うために，グラフィックオーガナイザーを用いてスピーチの構成を視覚化し，内容を分解して捉えられるようにした。

練習の際には，TPC で録音・録画して客観的に自己の表現方法を見返したり，ペアやグループでプレ発表をしてフィードバックを受け取ったりする流れを繰り返し行った。グループ活動では，発表の評価項目を確認した上で，互いの発表をよりよいものにすることを目的にアドバイスをするように促した。聞き手を惹き付ける問いの立て方や言語表現・言語外表現について，話し手としてだけではなく，自らが聞き手の立場となることで自己を見つめることができると考えた。特に内容については，帯活動のディベートで行ってき

たことを思い出させて，具体的なエビデンスを含んでいるか確認させた。この繰り返し練習の中で育成した力を，本発表で見取った。

（3）「主体的に学習に取り組む態度」の指導と評価

上記のような繰り返しの中で，生徒に段階的に自信を付けさせて本発表へとつなげていくことを大事にした。複数回のプレ発表を通して，全ての生徒の様子を見取り，全体に共通する指導事項や個別の支援を行った。スピーチでは，整理して話そうとする姿や，質疑応答でこれまで身に付けた力を活用して即興で応えようとする姿を見取った。「自分の世界を変えた発表」として選んだ級友のスピーチ内容について，retelling をする活動では，自他のスピーチと関連付けて意見を書く形式で英語での振り返りを行った。これにより，他者が選んだ内容や語彙などを自分のものにして学びを拡げようとする姿を生み出すことを目指した。

4　授業の実際

プロセス重視の学習指導案にあるように授業を進めていった。Readers Theatre では，グループで語り方を考えながら，内容理解を深めていった。生徒たちは，「どこを強く言う？」「一番伝えたいところがいいんじゃないかな。だから…」などと発言し，どの部分を，なぜ強く言うのかについて考えていた。また，「聞いている人に考えさせるために，この部分は一人ずつ言っていこう」のように聞き手を意識した発言があったり，単語・文の発音や意味を協力して理解したりしていた。生徒からは，「読み方の工夫を考えるうちに自然と意味を深く考えるようになった」や「内容と話し方を合わせるように意識できた」という振り返りがあった。

その後のスピーチでは，**図1**のようにハンバーガーパラグラフを用いて作成した原稿を基にしてグループ練習を行った。アドバイス

図1　スピーチ原稿とグループ練習

タイムでは，発表者と班員の会話で，「どこが一番覚えている？」「ランドマークタワーのところかな」「そこか～，やっぱりそうなるよね」「数字のところが具体的だったから印象に残ったよ」というやりとりがあった。発表者は一番伝えたい部分が違ったようで，悔しそうにしながら修正案を考えていた。「どうすれば伝わると思う？」とグループに投げかけると，級友からいくつかのアイデアが出てきていた。他のグループでは「大事なところはゆっくり言わないと入ってこないかも」「あのディベートで使った単語が使えるんじゃない？」「根拠が最初に来るより，この後のほうがよいかも」と，内容に着目したアドバイスが交換されていた。振り返りでは，「聞き手からもらった疑問や反応がとても役に立った。分からなかったところを言ってもらうことで，聞き手の視点に立ってジェスチャーを加えるなどの工夫ができた。」という記述が見られた。

伝える意味を生み出すスピーチテーマの設定と，エビデンスを用いて意見を述べる活動の継続により，生徒が「より具体的に伝えたい」という意思をもち，情報収集をしたり表現を工夫したりする姿が見られる単元となった。

ここまでの生徒の発言のように，粘り強く学びに向かう力を高めていこうとする姿を見逃さずに丁寧に見取り，指導へとつなげていきたい。

（武田　美樹）

次	時		評価規準	【　】内は評価方法 及び Cと判断する状況への手立て
1	1 ｜ 3	知	語と語の連結による音の変化や，強勢，イントネーション，区切りなどの違いを理解している。（○○）	【発言・行動の確認・分析】 C：印の付け方を提示し，まずはチャンク読みができるように意味を考えながら区切りの印を付けるように促す。
2	4 ｜ 7	思	聞き手に新たな発見があるように，日常的な話題や社会的な話題に関して収集した情報について，事実や自分の考え，気持ちなどを整理している。（○）	【発言・ワークシートの確認】 C：テーマが決まらない場合は，インターネットを活用して，豆知識のようなものにしてもよいことを伝える。
	8 ｜ 10	技	テーマについて，正しい強勢，イントネーション，区切りなどを用いて，文の構成や意味のまとまりを捉えながら，自分の考えを話す技能を身に付けている。（○○）	【発言・行動の確認・分析】 C：よりよく伝わる話し方について，前時までの他者からのアドバイスや自分の録画を参考に考えさせる。
		思	聞き手に新たな発見があるように，日常的な話題や社会的な話題に関して収集した情報について，事実や自分の考え，気持ちなどを整理して話している。（○○）	【発言・行動の確認・分析】 C：相手に伝えたい部分が伝わるか，また，エビデンスが適切かについて，自己に問いかけさせたり，他者からのアドバイスなどから考えさせたりする。
		態	聞き手の様子に応じて，事実や自分の考え，気持ちなどを整理して話そうとしている。（○○）	【発言・行動の確認・分析】 C：発表時に文章で伝えられなくなった場合にキーワードを基にでも伝えられるように，文章原稿とキーワード原稿の両方で練習をさせる。
	11	態	聞いた内容について，事実や自分の考え，気持ちなどを整理しようとしている。（○）	【発言・ワークシートの確認】 C：メモが不足していて書けない場合には，全員のスピーチを総合的にまとめて「感想」の形で書くように促す。

主たる学習活動	指導上の留意点	時
[スピーチ "Changing the World"] ・音声を聞いた後，内容についてグループで英語を用いて話し合う。 ・スクリプトを見ながら，音声を聞き，強弱，間の取り方，緩急の印を付けて，そのように話者が表現している理由について，グループで考え，全体で共有する。 ・個別，グループで音読練習をする。 ・グループごとに発表する。それぞれの発表後に，よかった表現についてフィードバックを行う。 ・発表でよい語り方をした生徒の動画を確認しながら，このスピーチが伝えたい重要な点と，それを効果的に伝えるための表現方法について考察し，共有する。	・スピーチの概要や話者の考えに対してどのように思うか，などについて自由に話し合わせる。 ・内容の確認は生徒とのやり取りをしながら，オーラルイントロダクションの手法で行う。 ・グループでの音読練習を通して，内容の読み取りが自然に深まるように「なぜそのように読むのか」と問いかける。 ・内容によって伝え方が変化することに気付かせる。	1 — 3
【課題】 「聞き手の世界を変えるスピーチをしよう」 ・スピーチをする目的や状況，身に付ける力などを確認する。 ・アイデアマッピングをした後，グラフィックオーガナイザーを活用して，伝えたい内容と全体の流れを考える。 ・スピーチの見本を視聴し，どのような言語表現や言語外表現が効果的か，グループや全体で共有する。 ・根拠のある情報を収集した上で，資料を活用して段階的に原稿を作成する。 ・作成した原稿を基に動画を撮りながら，グループでスピーチとフィードバックを行う。 ・修正後，個人で録画を確認しながら練習をする。 ・グループでスピーチとフィードバックをし合う。 ・最終的な修正を加え，練習をする。	・生徒たちが「取り組んでみたい」と思えるように課題のプレゼンをする。 ・論理的なスピーチをするために，ハンバーガーパラグラフを用いる。 ・国語の「話すこと」で学んだこととも関連付けさせる。 ・原稿はハンバーガーパラグラフに書き込むが，文章でも図化したものでも各自が話しやすくなるものにする。 ・文章を暗記するのではなく，自分の言葉として意味を込めて話すために練習するように促す。	4 — 7
・全体の前で発表を行う。 ・それぞれの発表後に質疑応答をする。 ・聞き手はワークシートを基に，「へぇー度」のチェックと，感銘を受けた部分のキーワードをメモする。 ・各自の発表後に，直後の思いと今後身に付けたい力を書き出す。 ・Forms を使って，最も自分の世界を変えたスピーチに理由を添えて投票をする。 ・自分の発表について，動画を観て振り返りをする。	・質問者は出席番号カードによりその場で決定することで，即興の力を発揮させる。 ・ワークシートを基に振り返りをさせる。 ・発表の優劣ではなく，内容について投票させる。上位になったものは，集計後，表彰する。	8 — 10
・自分の世界を変えたと思うスピーチについて，メモを基に，自分の考えや他者のスピーチと関連付けて，書いて retelling をする。	・話された内容を自分の言葉で再構築させる。 ・この活動により，自分のテーマだけではなく，他者のテーマについても考えさせて，多面的・多角的な意見をもてるように促す。	11

学 校 保 健

1　研究の概要　自己肯定感の重要性

　『内閣府平成26年こども・若者白書』によると，自分自身に満足している者の割合は，日本以外の国は70〜80％に対し，日本は45.8％と低く，自己肯定感の低い若者が多いことが分かる。本校で事前に実施した「こころとからだの健康チェック」の結果でも，睡眠や自己同一性に関する質問項目に同様の傾向が見られた。例えば，自己同一性の質問項目「みんなが，私よりよくできる人ばかりのような気がする」に対し，「当てはまる」と回答している生徒が47％おり，人間関係や学習，進路などの悩みやストレスを抱え，自信がもてなかったり不安を感じたりしている様子が伺える。健康な体と心で学校生活を送っていくためにも，自分のよさに気付き，自己肯定感をもちながら前向きな気持ちで生きていこうとする思考を身に付けられるように，問いを設定した。

2　実践の様子

　「健康チェック」の結果をグラフで示し「みんなが，私よりよくできる人ばかりのような気がする」と思っている人が半分近くいることを確認した。人と比べ過ぎず前向きな気持ちで生きていくためにどのような心がけをしたらよいか生徒に投げかけ，人と比べることについてグループワークを行った。「自分の位置を確認するためにテストの点数で人と比べて自分のほうがよければ安心し，自分のほうが低いと落ち込んでしまう」という意見が多かった。「人と比べても何も変わらないから，人と比べない」という意見も少数あった。他人を見る時には，人の価値観・信念・自己認識（自分がどのような人間か）に着目することや，「人と比べるよりも自分の成長には何が必要か」を考えることが前向きに自分を捉えることにつながることを確認した。その後，生徒に自分の目標，将来の夢，得意なことなど，自己認識に関わることについて書かせたが，自分を客観的に捉えることを難しく感じているように見受けられた。その後の発表では，「ゲームクリエイターになりたい」や，「自分は人と関わることが好きな人間です」など，自分の夢や大切にしていることを表出した生徒に対し，肯定的に受け止めている生徒の姿が多く見られた。

3　成果と課題

　目に見えやすい能力や点数などの一面を見て，他人と比べながら過ごしている傾向にある生徒にとって，人と比べることの是非について考えたことで自分を見つめるきっかけになったと考える。自分の価値観・信念・自己認識を捉えていないと基準が周囲になり，優越感や劣等感に振り回され情緒が不安定になって，自己肯定感を高めにくくなる。基準を自分に置き周囲を見るためには，自分と向き合い，周囲の影響をプラスに捉え，自分の長所や課題となっている点に気付き，自分を伸ばしていくために何をすべきか考え行動していけるような働きかけが必要である。そのために，今後とも継続的に道徳の授業やキャリアパスポートなどで生徒の様子を確かめたり，保健室来室時に個での関わりの中で思いを確認したり，保護者会や面談などの機会に状況を伝えたりして，学校と家庭で共通認識をもって生徒を支援し，健やかな成長を促していきたい。

第1学年　学校保健　指導案

時間	・学習の流れ	○指導上の留意点　◆ポイント
導入10分	人と比べないで，前向きな気持ちで自分を受け止めて生きていくためには，どのような心がけをしたらよいのだろう？ ・事前に実施した「こころとからだの健康チェック」の結果を確認する。 （結果をグラフで表示） ・チェックが多かった項目，チェックが少なかった項目を共有する。	（目的）人と比べず自分の価値基準で周りと関わっていくことで，自分を認めながら生きていくことの大切さを学習する。 ○結果から健康を保持・維持する上で何が問題となっているか考えさせる。 ◆睡眠と自己同一性に関する項目に○を付けている人が多いこと，他者も同様な悩みや不安を感じていること，感じることはそれぞれ違うことに触れる。
展開30分	・自分と周りをどのような時に比べるのか，なぜ人と比べるのか（比べない人はなぜ比べないのか）について，自分の考えをワークシートに記入し，その後グループで話し合う。 ・話し合ったことをグループごとに発表する。 ・自他を比べる時の気持ちと原因を確認，整理する（ニューロ・ロジカルレベルを用いて確認する）。 ・自分の信念・価値観・自己認識などをワークシートに記入し，グループで交流し発表する。	○学校（授業・テスト・部活），家庭での生活などでの自分の言動や行動を細かく振り返り，具体的な状況をイメージさせる。また，比べない人はなぜ比べないのかの理由を明確にするように促す。 ◆「比べるのはどのような時？」「比べた時の気持ちは？（落ち込む？安心する？）」を具体的に振り返らせる。 ◆人の意識の段階には，目に見えるもの（環境・行動・能力）と目に見えないもの（価値観・信念・自己認識）があり，周囲と比べず，自分を基準に視点を置いて考えることの大切さを実感させる。 ◆周りを見て劣等感や優越感を抱くのではなく，自分を伸ばすために必要なことを考え行動することの大切さを理解させる。
まとめ	・学習のまとめとして，人と比べず自分を基準に前向きな気持ちで過ごすために心がけたいことをワークシートに記入する。	○周囲と比べるのではなく，自分の価値で周囲を見ることで自分を大切にできることを意識させる。

●参考文献
1）『内閣府平成26年こども・若者白書』
2）佛教大学教育学部学会紀要　第12号（2013年3月）「『ストレスチェックリスト』による中学生のこころの揺れの把握とスクールカウンセラーによるその活用（3）」，東山弘子　近藤真人　神明悠司　中山英知　佐藤耕　長行司研太，pp23-38

おわりに

　コロナ禍による国の緊急事態宣言によって3ヶ月にわたる休校という状況下でスタートした令和2年度は，全国の教育活動は言うに及ばず，私たちの基本的な生活のあらゆる面に大きな影響を与えました。本校でも体育祭や修学旅行，学芸祭など生徒の成長を大きく促す行事がほとんど中止となり，生徒も教師もある種の失意を抱えながら，それでも健気に登校し笑顔を見せる生徒たちを懸命に支える教師たちの努力によって，何とか凌いできた1年でした。夏休みの縮小や様々な予定変更に振り回されながら，それでも教師たちはこれまで連綿と続けられてきた研究活動という本校のミッションを見失うことなく，各々のテーマや学校全体としてのテーマに基づく研究に取り組み，書籍刊行にまで辿り着いたことに身内ながら頭の下がる思いです。

　『これからの「学校」のあるべき姿を追究する』という新たな研究テーマは，これまでの5年間にわたる「新しい時代に必要となる資質・能力の育成への試み」の研究を土台として，生徒たちが本校の教育活動で身に付けた資質・能力を更に高次なものへと引き上げるため，各教科の意義や他教科とのつながり，学習評価のあり方などを組織的に整理し，教科横断的な視点に基づいた探究活動や，ICT機器を利活用したこれからの理想的な学習形態の模索を絡めた意義深い内容を含んでいます。新テーマ設定初年度の今回は「学習評価」に焦点を当て，改めて三つの観点の趣旨を明確にした上で，具体性を伴った提案となるよう目指してきました。特に「学びの手引き」や「学習プラン」の作成とその活用に関する提案は，すぐにでも実践可能な取組としてご参考にしていただけるのではないでしょうか。

　印象深い授業風景があります。2年生の社会の授業で単元の学習課題を設定する場面でした。幾つかに絞られた生徒の意見のうち，どれを採用しようかというところで一人の女子生徒が，「Aは単なる現状の疑問で，疑問は課題にはならない。この間の理科の授業でそう習ったよね。Bは未来のことを見据えた内容だから，Bを課題とすればAも解決するんじゃない？」と発言しました。教科担当も私もハッとしたことを覚えています。他教科での学びが生かされた瞬間でした。こうした瞬間を常に目の当たりにできるよう，これからも本校ならではの教育活動を続けてまいります。

　最後になりますが，本研究にご指導いただいた，関西学院大学の佐藤真教授をはじめ，文部科学省及び国立教育政策研究所の先生方，神奈川県及び各市町村教育委員会の指導主事の先生方，横浜国立大学教育学部等の先生方に深く感謝いたしますとともに，本書を手にしてくださった皆様に，本校の取組に対するご指導・ご鞭撻をいただければ幸いです。

　令和3年2月

横浜国立大学教育学部

附属横浜中学校

副校長　田中和也

<執筆者一覧>

横浜国立大学教育学部附属横浜中学校
　　松 原　雅 俊（校長）
　　田 中　和 也（副校長）
　　和 田　真 紀（主幹教諭　保健体育科）
　　池 田　　純（教諭　数学科　研究主任）
　　柳 屋　　亮（教諭　国語科）
　　橋 本　香 菜（教諭　国語科）
　　土 持　知 也（教諭　国語科）
　　田 川　雄 三（教諭　社会科）
　　山 本　将 弘（教諭　社会科）
　　高 木　　紀（教諭　数学科）
　　関 野　　真（教諭　数学科）
　　神 谷　紘 祥（教諭　理科）
　　中 畑　伸 浩（教諭　理科）
　　佐 塚　繭 子（教諭　音楽科）
　　元 山　愛 梨（教諭　美術科）
　　三 枝　菜 々（教諭　保健体育科）
　　中 山　淳一朗（教諭　保健体育科）
　　佐々木　恵 太（教諭　技術・家庭科　技術分野）
　　池 岡　有 紀（教諭　技術・家庭科　家庭分野）
　　山 本　早 紀（教諭　英語科）
　　武 田　美 樹（教諭　英語科）
　　田 口　さやか（養護教諭）

これからの「学校」のあるべき姿を追究する I

資質・能力の高まりを支える学習評価

2021年3月15日　初版第1刷発行

編著者　横浜国立大学教育学部附属横浜中学校 ©
発行人　花岡萬之
発行所　学事出版株式会社
　　　　〒101-0021　東京都千代田区外神田2-2-3
　　　　電話　03-3255-5471
　　　　HPアドレス　http://www.gakuji.co.jp
編集担当　花岡萬之
装　　丁　岡崎健二
印刷・製本　精文堂印刷株式会社

落丁・乱丁本はお取り替えします。　　　2021 Printed in Japan
ISBN978-4-7619-2692-2　C3037